大夏书系·教育常识

Jiaoyu Renxinghua
Sijiang

教育人性化四讲

扈中平 ——— 著

华东师范大学出版社

全国百佳图书出版单位

目 录
Contents

序 /001

/第一讲/

教育的目的须定位于培养"人" /001

培养"人"的教育目的更具终极性 /002
培养"人"的教育目的更具涵括性 /006
培养"人"的教育目的更具丰富性 /009

/第二讲/

教育人性化的实践性思考 /019

人性的基本义理 / 020
人性的基本内容与教育人性化的实践策略 / 029

| 第三讲 |

教育何以能关涉人的幸福 /059

人的幸福是教育指向的终极价值 /060
教育与人的幸福具有内在关联 /067
教育对人的幸福能够有所作为 /076
教育自身的幸福是可能的 /092

| 第四讲 |

关于中等生的思考
——对学习成绩与个人前途关系的认识 /107

关于"中等现象"的思考 /109
关于中等生的个人发展前途 /131

代后记：在自由中抒发思想——扈中平访谈录 /155

序

中华人民共和国成立以后很长一段时间，人性问题几乎成了理论界的一个禁区。过去一说到人性，总是把它与资产阶级人本主义和唯心主义世界观、方法论联系在一起，让人不敢涉足。随着真理标准问题的讨论和思想解放的进程，人性问题自20世纪80年代初得以进入理论视野，为人文学科和社会科学研究提供了一个新的视界，一时间"人性""人性化"成了颇为时髦的概念。不过也要看到，人性论至今也还没有进入主流的理论框架中，有待继续努力。在相对保守的教育理论界，教育人性化也已成为众多学者关注的领域，学者们纷纷著书立说。在教育实践界，教育人性化亦成为不少中小学校长和教师经常言说的教育理念，并力图在教育实践中有所作为。这是很令人欣慰的。

但从另一方面看，教育人性化的研究和实践始终比较笼统和抽象，在很大程度上还停留在理念和口号的层面，甚至成了一个随处可贴的标签，说起来很热闹，做起来却很茫然。学界通常都只是把人性作为一个过于整体性的概念来看待,而对人性究竟包含哪些具体内容却不大予以关注。这就使得教育人性化难以真正、具体和有针对性地落实到教育实践中,因为教育实践者不明白人性究竟有哪些具体所指,那教育人性化从何谈起呢?从逻辑上讲,教育人性化总是依据人性而为的,如果总是把人性作为一个笼统的概念,那么教育人性化就难免停留在理念和口号上。所以,必须对人性作一番具体的解析,对人性的具体内容说出个一二三来,这样,教育人性化的实践才能持之有据,才能使人信服——我之所以要这样教育学生,之所以要这样管理学校,之所以要采取这样的教育措施,是可以从人性中找到相应依据的,而不是想当然。书中有关讲述在这方面作了些探究,给出了一些个人的说法。不管有多少道理,也算是一家之言吧,相信大家会获得一些启示。

"教育人性化"不仅是教育理论和教育实践问题,也可作为教育学的学科立场和教育研究的方法论。基于这一立场和方法论,能够拓展视域、丰富理论、改善实践。本书以教育人性化为视角,透视和分析了教育理论和教育实践中的若干重要问题,如教育目的的"人化"问题、教育中的人的幸福问题和学生学习成绩与个人前途的关系问题。书中各讲所作的种种尝试尽管还比较初步,但应该是有些意思和意义的。

教育不是可以完全随心所欲的。一般认为,教育活动有两个基本依据:一个是人的依据,一个是社会的依据。相应的,教育便有了两个制约性:一个是教育的人的制约性,一个是教育的社会制约性。以往,教育理论在谈到教育的人的制约性时,几乎只是局限于人的身心发展规律对教育的制约和影响,而且主要是局限于人的认知发展的一般规律，如顺序性、阶段性、个别差异性等。这种教育学几乎完全忽视了人性对教育的制约和影响，这不能不说是一个重大缺欠。人所具有的人之为人的属性，无论是人所共有的抽象的人性还是不同人群所特有的具体人性，怎么可能不对人的教育产生重要的制约和影响呢？人难道就只是一种身体和认知意义上的存在吗？我国教育学的这种缺欠是需要填补和充实的，人性的概念和理论应该进入教育学的理论框架中。

思考教育与人性的问题，首先是为了在教育中增强人性的意识和教育人性化的自觉，认识人性、尊重人性、敬畏人性、遵循人性、规约人性、唤醒人性、培育人性、升华人性，把人性作为教育的基本依据之一，把教育人性化作为教育的基本原则之一。任何无视人性的教育都不是完整的教育，任何贬抑人性、压制人性、扭曲人性、泯灭人性的教育都不是真正的教育。

书中各讲内容是我多年来思考和研究的部分成果，大多数都未曾公开发表。我的研究历来遵循解放思想、实事求是的原则。书中自认为有一些比较新颖的观点和见解，无论是否合理，都是经过认真思量的，学术态度都是严肃的。教育界的思想解放还很不充分，需要对一些观念有进一步的冲击。

书中所讲也是我近一二十年在多种场合，特别是中小学校所作讲座的部分内容。原想将这些讲座内容按演讲录的形式整理成书，这样可能更具可读性，更符合教育实践工作者的胃口，但后来发现过于口语化的表述不太适合理论性较强的内容，易造成歧义和理解上的偏差，反而可能影响了可读性。为了兼顾可读性和严谨性，便采取了一个折中的办法，即用介乎于演讲录和学术著作之间的一种表达方式加以阐述,理论上尽量深入浅出,文字上尽量通俗易懂,让人读起来既不会那么枯燥乏味,又不会丧失应有的严谨。

本书能够得以面世,首先要感谢我的学生,河南师范大学教育学院涂诗万副教授。他一直认为我的一些讲座内容对教育实践工作者有较高的价值,应该汇集成册出版以更广泛地影响教育实践工作者。这给了我很大的鼓舞,增强了我的自信,但我对这件事并没有太上心,毕竟手上的事情还不少。后来,涂诗万直接与华东师范大学出版社联系并得到了朱永通老师的大力支持,如此,这件事就促成了。感谢朱永通老师对我的信任和对书稿提出的诸多宝贵意见与建议!

书中不妥之处,敬请广大读者予以批评指正。

本书是国家社科基金"人性的教育学意义及教育人性化的实践策略"(课题批准号 BAA130007)的部分成果。

华南师范大学教育科学学院　扈中平

第一讲

教育的目的须定位于培养"人"

人是教育的出发点,这意味着教育在解决人的发展与社会发展的矛盾的过程中必须立足于和着眼于人的发展,必须把人作为社会活动的主体来培养,必须坚持以人为本的价值追求。

中华人民共和国成立以来,培养"劳动者""人才""建设者和接班人""公民"等,是我国教育目的的几种典型表述。培养"劳动者"是1949—1965年最为权威的一种提法;培养"人才"是1977年到20世纪80年代一种较为普遍的提法;培养"建设者和接班人"是20世纪90年代最为官方的一种提法;培养"公民"则是自20世纪90年代后期逐渐被关注的一种提法。显然,上述种种关于教育最终将受教育者培养成"什么"的定位,并不是一个简单的术语变换的问题,而是一个关系到教育价值的根本立足点的重大问题。

将教育目的定位于培养"劳动者""人才""建设者和接班人""公民",应该说都各有其特定的合理性,各有其时代性和针对性,但这些表述都不够恰切,内涵不够丰富,外延不够完整,太欠缺"人"的意味,不能充分表达教育总目的的本质和追求。我们认为,作为涵盖各级各类教育宗旨的教育总目的,定位于培养"人"更具有合理性和普适性,也更切合教育目的的内涵。

培养"人"的教育目的更具终极性

教育的总目的在本质上属于价值范畴,因而具有强烈的人文性,须充分体现价值上的终极追求,须高度关注人自身的发展、完善和幸福,这是教育始终如一的信仰和永恒不变的价值。"人"的立场也是教育学必须秉持的学科立场,是从教育学看教育与从政治学、经济学、伦理学等其他学科看教育的根本性分野。教育如果没有关于"人"的理想和信仰,如果没有对这种理想和信仰的不懈追求,就很容易丧失自己的生存根基和独立品格,就很容易在纷繁复杂、相互冲突的社会浪潮的挟拥下不知所措,迷失方向。教育作为一项培养人的事业,作为一种与不断发展变化的社会有着千丝万缕复杂联系的活动,作为一个在政治、经济、文化等社会方方面面的强大冲击、影响和牵掣下总体上相对被动和弱势的系统,如果没有自己永恒的理想和信仰,没有自己终极性的价值追求,那就没有了自己立足的根基和存在的价值。

教育具有"变"与"不变"两个方面，是二者的结合与统一。没有"变"，教育势必封闭、僵化和落伍，必将与社会需求错位，甚至被社会拒绝和抛弃；没有"不变"，教育势必动荡、轻浮和盲从，必将同化、淹没于纷繁复杂的社会，与社会亦步亦趋、随波逐流，甚至与社会负面同流合污。这两种教育都不是理想的和真正的教育，既不是人所需要的，也不是社会所需要的。

坚持教育目的的价值终极性，其意义主要在于维护教育的本体价值和教育的独立品格，在于确立统领随社会变化而变化的各级各类教育的灵魂和立场，避免因教育目的不必要的频繁变更而造成教育方向的迷失和整个教育的摇摆与动荡。教育要有"变"就必须有"不变"，否则，教育就会遭到破坏，也不能成为真正的教育。中华人民共和国成立以来的教育，已反复证明了这一点，也为此付出过惨痛的代价。其实，与社会完全同一的教育，与政治、经济、文化密切到不分彼此的教育，反而不能有效地服务于社会。教育要受社会方方面面的制约并为社会的方方面面服务，教育要为社会各行各业培养各级各类形形色色的人才，而社会的方方面面和各行各业对教育的需求和人才的要求又不尽一致，甚至有不少矛盾和冲突。那么，教育用什么来稳固自己的根基呢？只能立足于它的本体价值和本体功能，这就是培养人这一恒定的出发点和归宿。只有有了这一稳固的基点，教育才有可能比较清醒和自主地去应对纷繁复杂的社会变化和冲突，才能理智地随社会的变化而有选择地变化，才能去抵制、弱化社会的消极影响和不良干扰，才能承担起引导社会发展走向的应尽职责。

将教育目的定位于培养"人"，并不是在宣扬教育要超脱社会和远离实际，而是为了坚守教育固有的质的规定性和教育本质中的永恒性。至于教育目的的时代性、现实性和针对性等随社会变化而变化的一面，可以体现在对所要培养的"人"的一系列不同的具体规定中，以对培养什么样的人进行富有时代性的阐释，更可以体现在具体的培养目标和各级各类教育的教学目标与课程标准中，从而在教育总目的、培养目标、教学目标和课程标准所构成的教育目的体系中完整地体现不变与变、抽象与具体、超越与现实在教育中的协调与统一。但作为教育的总目的，本质上要体现的是教育的恒定性、抽象性和超越性。显然，培养"人"的定位最能体现教育总目的的这些特性。

将教育目的定位于培养"人"，有着深厚的人本主义意义，对我国确立以人为本的教育目的观也有着深远的积极意义。我们曾经视人本主义为洪水猛兽，为资产阶级的专利品。这很奇怪，人本主义有那么可怕吗？在这个世界上，最宝贵、最神圣、最有价值和尊严的难道不是人吗？人类的一切所作所为，其根本意义和终极价值难道不是为了人吗？整个马克思主义的出发点和归宿及共产主义的奋斗目标难道不是为了人的幸福、完善和实现人的解放吗？人本主义的实质不就是以人为根本吗？不就是以人为出发点和归宿吗？只要我们不把它作为唯一的方法论，不将其在思想和实践领域无度扩张和片面夸大，人本主义就不仅无害，而且是不可缺少的思想方法。其实，任何事物都不可片面夸大其地位和作用，历史唯物主义同样不能在理论和实践中无度扩张，否则，它就会成为一种孤立的世界观和方法论，就会被扭曲为庸俗的唯物主义，就会把复杂的社会现象和社会演变简单化，把社会各要素间复杂的关系线性化，这样的历史唯物主义有害无益，甚至不及合理的历史唯心主义。其实，以人为本，以人为目的，高度关注人的价值、人的尊严、人的自由、人的权利，是人类本能性的追求，是人的共性，是不可改变的、永恒的。尽管人本主义不能说明和解决一切问题，但它在目的论和价值论的意义上，又是必不可少的。

我们比较缺乏人本意识，这无疑是造成我国理论落后和实践偏误的一个重要原因。近代中国，尽管一批先贤极力反对教育上的专制，倡导教育以人为本、促进人的个性自由发展，但这一理想不可能在当时的教育实践中得到多少体现，更多的只是远离以人为本的"尊孔读经""祀孔跪拜"；继之便是"党化教育""党义为本""训育统一"……即便到了如今，教育也在一定程度上遭到了商品化、市场化、产业化的破坏。凡此种种，无不是对人和人性的蹂躏、摧残和蔑视。

教育以人为本，就必须把学生当人看，把学生当活生生的生命个体看，把学生当目的看，把学生当有价值、尊严、需要、兴趣、个性和自主性的主体看，充分尊重个人的自由和人权。这些，正是中国教育最缺少、最需要的。以人为本既是中国教育改革的重要方向，又是关乎改革能否取得成效的关键之一。

培养"人"的教育目的更具涵括性

教育的对象是十分广泛的,尤其在现代社会,教育面向的几乎是所有的社会成员,因此,教育总目的应该具有最广泛的涵括性和普适性。显然,"劳动者""人才""建设者和接班人"以及"公民"等都不具有这种涵括性和普适性,他们都只是"人"当中的一种或一类,而且几乎是作为手段的人。

以"人才"为例,一般说来,人才总是具有一定的职业性和专业性,然而很难说基础教育是培养人才的。按照国际社会的共识,基础教育是为了每一个人在社会中生存和继续学习所需要的最基本的教育,基础性是它最本质的特征。基础教育是整个教育事业的基础,是人一生成长的基础和培养各级各类人才的基础,是现代社会中每个人为在社会中生存和发展所必需的教育。基础教育强调的是人的基本素质的全面而协调的发展,而不是职业和专业素质的培养,它实施的是基本的普通文化科学的教育,是非定向和非专门的,与职业性和专业性的教育有着性质上的不同。因此,说基础教育的目的是培养"人才"有些不合适。"人"是上位概念(反映事物中作为属的那类事物的概念),"人才"是下位概念(反映事物中作为种的那类事物的概念),"人"可以涵盖"人才",但"人才"却不能涵盖"人"。即便对于专门教育、专业教育和职业教育而言,也应首先着眼于"人"的培养,因为"人"的培养涵盖了"人才"的培养，而且，"成人"先于、重于"成才"。其实并非每个人都能成才，但不能成才也应力求成人。可见，将教育总目的定位于培养人，不仅更适合各级各类教育，也更适合各式各样的受教育者。

再以"公民"为例，公民尽管可以涵盖取得某国国籍，并根据该国法律享有权利和承担义务的所有人，但这种人仅仅是指"国家人"而不涵括"世界人"。更重要的是，公民在本质上是一个政治、法律和道德概念，公民只是社会人的角色之一，教育目的显然不宜定位于培养公民，因为教育不仅仅是为了培养"政治人""法律人"和"道德人"。

"公民"是现代社会中的一个概念，尽管国内外学者对公民意识和公民素质并没有一个统一的看法，但大体都没有超出政治、法律和道德的范畴。"一般说来，公民意识包括三个层次：一是公民法律意识，二是公民纪律意识，三是公民道德意识。"[①] 所谓公民素养，"是以平等为核心的政治素养、法律素养、道德素养和文化素养，包括政治的、法律的、道德的和文化的多方面的知识、规范、行为习惯等"[②]。据有关资料，美国中小学教育将公民教育的目标大致定为17个方面：（1）自律；（2）守信；（3）诚实；（4）实现最佳自我；（5）利己但不损人；（6）敢于说"请原谅，我错了"，即勇于认错；（7）具有良好的运动员的风格，懂得取胜是重

---

① 陈祥明. 试论现代公民意识［N］. 中国教育报，1996-6-14.
② 成有信. 公民·公民素养·公民教育［J］. 北京师范大学学报（社会科学版），1996（5）.

要的,但这并非至高无上;(8)在人际交往中,要谦恭礼貌;(9)像希望他人如何对己那样待人;(10)懂得没有一个人是孤立存在的,其行为似乎仅具有纯个人的性质,但其实常常会影响他人乃至社会;(11)具有在逆境中正确调控自我的理智;(12)努力做好本职工作;(13)尊重他人的财产;(14)遵守法律;(15)尊重民主社会的各种自由;(16)养成各种有益于身心健康的习惯;(17)没有过早的性体验,培养与家庭生活准则相一致的性态度。① 由此可见,这些素养几乎都属于政治、法律和道德的范畴。

需要认识到,重视公民教育与将教育目的定位于培养公民是两回事。作为政治、法律和道德范畴的公民教育,其目的可以说是培养合格公民,但不能说整个教育的目的仅仅是培养合格公民,公民教育只是教育中的一个部分,培养合格公民只是教育目的中的一个方面。更何况,培养合格公民也不是政治教育、法律教育和道德教育的全部内容。

至于培养"劳动者"或"建设者",也不具有各级各类教育的普遍性。基础教育就很难说能够直接培养出"劳动者"和"建设者",而只是为其打基础,培养劳动者和建设者的后备力量。"接班人"具有明显的意识形态和政治色彩,偏重的可能是政治型的人才或人的政治素养,对全体受教育者来说,社会主义事业的接班人也只是他们未来的社会角色之一,这方面的素质也只是人的全面素质中的一

---

① 陈立思. 当代世界的思想政治教育 [M]. 北京:中国人民大学出版社,1999:92-93.

个方面。

培养"人"的教育目的更具丰富性

作为各级各类教育的总目的，应该具有极大的丰富性，但无论是"劳动者""建设者和接班人"，还是"人才""公民"等，都不具有这样的丰富性。"人"不仅具有最广阔的外延，也具有最丰富的内涵。因此，把培养"人"作为教育的总目的，不仅能够面对所有的受教育者，也有助于各级各类教育最大限度地追求教育的全面性和丰富性，以促进人的完善和坚持全面发展的教育。

培养"劳动者""人才""建设者和接班人"以及"公民"，其最大的问题就在于教育没有把受教育者当作一个整体意义上的人来看待和培养，仅仅把人作为手段而不是目的，而只是着眼于人的一个角色和一个方面。这样的教育目的，势必导致教育的片面化和功利化，特别容易导致片面重视某一"育"，以及教育的政治或经济上的功利主义倾向，造成人在发展上的片面、畸形、贫乏与肤浅。

以培养"劳动者"为例，这类观点就教育的总目的而言就显得太单一、贫乏和片面，也太功利和手段化。从整体的和人本的观点来看，个人的发展不外乎有两个方面的目的：一是为社会工作，同时也为个人谋生，这是基本的和前提性的；二是为个人自身的完善，如丰富个人精神生活，提高个人精神享受能力，促进个人自我完善，这是更高层次的追求。个人自身的完善,其直接目的并不在于为社会工作和个人谋生,而在于个人对作为"人"的自我丰富。按照马克思的观点,一个人的生活是由两大部分构成的:一是生产,二是享受(主要指对精神财富的享受)。马克思关于人的全面发展学说非常注重人的精神享受能力的发展,以及人的"丰富的个性"和人的自我完善。他认为,随着社会生产力的发展,劳动时间会不断缩短,个人所拥有的自由时间和闲暇时间会越来越多,为了更有价值地利用这些时间,就必须"培养社会的人的一切属性,并且把他作为具有尽可能丰富的属性和联系的人,因而具有尽可能广泛需要的人生产出来——把他作为尽可能完整的和全面的社会产品生产出来"。"因为要多方面享受,他就必须有享受的能力,因此他必须是具有高度文明的人。"[1] 显然,为社会工作和个人谋生的"劳动者"尽管是作为一个人的必需属性,但远不是人的全部,教育目的要重视作为劳动者的人的发展,但不能仅仅把人作为劳动力和工具来培养,还要重视作为一个完整的人的丰富和发展。人不仅仅是劳动力,人也不仅仅是为劳动而生活的,劳动只是人的生活的一部分。因此,作为劳动力的发展只是人的发展的一个方面,人要有丰富多彩的生活,就应有丰富多彩的发展。而且,如果仅仅把人作为劳动力来培养,恰恰很难造就高质量、高层次和富有创造力的劳动者,而可能只是会干活的"工具"和"牲口"。马克思在批判国民经济学时

---

[1] [德]马克思. 1857—1858年经济学手稿[M]//马克思,恩格斯. 马克思恩格斯全集(第30卷). 北京:人民出版社,1995:389.

曾指出:"国民经济学把工人只当作劳动的动物,当作仅仅具有最必要的肉体需要的牲畜。"① 在他看来,如果"个人的全部时间都成为劳动时间",那就"使个人降到仅仅是工人的地位,使他从属于劳动"②,而"同时作为拥有可以自由支配时间的人的劳动时间,必将比役畜的劳动时间具有高得多的质量"③,因为"节约劳动时间等于增加自由时间,即增加使个人得到充分发展的时间,而个人的充分发展又作为最大的生产力反作用于劳动生产力"④。由此可见,作为劳动力之外的人的广泛发展和自我完善,是马克思所理解的完整的人的一个重要方面和更高层面。

教育应具有多方面的功能和综合性的价值,但长期以来我们却过分片面地追逐教育的外在价值和功利目的,忽视甚至排斥教育促进个人自身完善的非功利价值。学校无论教什么、学什么、怎样教、怎样学,教育者和受教育者都是功利性十足,似乎教育和受教育的唯一目的就是为了升学、就业、晋级、升迁等,只有能达到这些目的的教育才是有用的教育,否则,教育就空疏,读书就无用。这种狭隘的教育价值观,使学校的非升学考试科目和没有直接功利价值的学

---

① [德]马克思. 1844年经济学哲学手稿[M]//马克思,恩格斯. 马克思恩格斯全集(第3卷). 北京:人民出版社,2002:233.
② [德]马克思. 1857—1858年经济学手稿[M]//马克思,恩格斯. 马克思恩格斯全集(第31卷). 北京:人民出版社,1998:104.
③ [德]马克思. 1861—1863年经济学手稿[M]//马克思,恩格斯. 马克思恩格斯全集(第35卷). 北京:人民出版社,2013:230.
④ 同②,107-108.

科地位低微,致使教育内容和学校生活变得相当贫乏和单调,学生精神世界和生活世界严重空虚和乏味,破坏了学生生动活泼的个性和人格的完善。我们并不轻视教育的功利价值,而且认为它很基本、很重要,但教育目的如果过分功利化,就会严重损害人的素质的和谐发展,不利于作为人的学生的丰富和完善,同时也不利于社会的和谐、稳定和全面进步,最终,反而不利于个人和社会功利目的的实现。

许多人似乎不懂得,学习并不仅仅是为了外在的有用,它还有丰富人精神生活的内在价值,而且学习本身也是一个能使人获得乐趣和享受乐趣的过程,难道这不是另一种意义的有用吗?苏霍姆林斯基认为,学习绝不仅仅是为了工作,它还可以丰富个人的精神生活;教育也不仅仅是为了使学生成为劳动力,它还可以使人获得能够真正像一个人一样生活的丰富的精神世界。他在《学生的精神世界》一书中写道:"不论在什么地方,只要一说起学校就能听到这样一类话:要准备参加劳动,要把学到的知识用到生活中去。……可能老师和家长们以为,只有确信所学到的一切知识都能运用到劳动中去,我们才会更好地学习。但是我们明白,并不是所有的知识都能用于劳动,人也并不是单纯为劳动而生存的。也许,我之所以想懂点浪漫主义和感伤主义,就是因为我是人。也许,劳动越是简单就越是需要掌握更多的知识,并且有更高的文化水平,这样就可以使生活变得更有乐趣,更加明朗。但如果全部生活仅限于劳动,那么我会感到世界是枯燥的、没有欢乐的。我相信,在我的生活中除了劳动以外,还一定会有一种丰富的精神生活。这个信念一直在鼓舞着我。所以,我决心掌握法语,以便将来能读雨果的原著。我想做到这一点,首先是要证明:我是一个真正的人。"苏霍姆林斯基还在书中列举了若干实例来说明"掌握知识不单纯是为了劳动"的观点:车工安德烈工余之暇从事着与工作没有任何直接关系的古希腊雕塑研究;挤奶员安娜上大学文科并不是想调换工作,而是因为像她自己所说的,"知识多了才会觉得自己是一个真正的人"。因此,每一个劳动者都应该"掌握更多的、大大超出日常劳动所需要的知识"。他告诫青年:"在选择自己的生活道路时……不应从狭隘的实用主义观点出发来考虑问题",不管将来从事何种劳动,都"应该抱有一种强烈的愿望去学习、去认识世界,以不断丰富自己的精神世界。倘若学生只是以将来是否有用这种观点来看待知识,他就会没有激情、计较个人利益、动机不纯甚至情操低下"。苏霍姆林斯基给"精神生活""精神世界"赋予这样的含义:"人的精神生活领域就是在人的积极活动过程中使德、智、体、美诸方面的需求和兴趣得以发展、形成和满足。"① 在他看来,"人的丰富的内心世界是人的全面发展的一个极其重要的标志"。"劳动越是简单就越是需要掌握更多的知识"这一独到见解非常精彩和富有哲理。通常人们只是认为,劳动越复杂才需要掌握越多的知识,如果仅仅把人看作劳动者,这个观点是对的。但问题是人不仅仅是劳动者,

---

① [苏]苏霍姆林斯基. 学生的精神世界[M]. 吴春荫,译. 北京:教育科学出版社,1981:2-4.

职业生活远不是人的生活的全部。若只是根据职业生活的需要来对待知识，人对知识的需要往往是非常有限的，大多数一般性工作并不需要丰富的知识。只有把个体作为追求完整和丰富生活的人来看待时，他才会有追求超越职业和物质生活范围的广泛而丰富的知识的需要与冲动。

实际上，教育的各个方面除了对人有着实际的外在有用性，同时也都具有满足个人自身完善的内在有用性。体育可以满足健美的需要，使人获得身心快乐。智育可以满足个人的好奇心和求知欲，使人获得精神上的快感。正如爱因斯坦所认为的那样，有许多人之所以爱好科学，是因为科学给他们以超乎常人智力的快感，科学是他们的特殊娱乐，他们在这种娱乐中寻求生动活泼的经验和雄心壮志的满足。德育可以满足个人追求美善生活和道德上自我完善的需要，崇高的理想、虔诚的信仰、纯洁的情操、善良的心地、助人的乐趣，都可以使人获得精神上的极大满足。至于美育，在自我完善和自我享受方面的价值更是不言而喻。对于一般美育，它的主要目的在于使人获得欣赏美、鉴赏美和再现美的能力，以满足人对美的本能的向往和追求，获得精神上的愉悦。福禄培尔曾说过："绘画配色的作业，并不是要培养一个未来的画家；进行唱歌的教学，也不是有意地训练一个未来的音乐家。设置这些功课的目的，只是使年轻人获得全面的发展，并且揭示他的本性。"[1] 即便是劳动技

---

[1] [德] 福禄培尔. 人的教育 [M] // 张焕庭. 西方资产阶级教育论著选. 北京：人民教育出版社，1979：345.

术教育，在促进个人自身完善和获得享受方面，也具有多方面的价值。

其实，什么叫"有用"，什么叫"无用"，这个问题并不像许多人所认为的那么简单。在一般人看来，似乎只有对功名利禄等外在切身利益有益的才叫有用，而对愉悦身心和陶冶精神有益的似乎就没有用。这是一种极大的偏见。无论是事物的外在价值还是内在价值，只要有价值，就是有用。功名利禄当然对人有用，但文学艺术能使人精神充实、身心愉悦，能使人富有气质和涵养，甚至有利于延年益寿，这难道不叫有用吗？特别是在一般物质需要基本满足的情况下，能满足内在精神需要的事物就更能显其"大用"。在这个问题上，罗素关于"实用教育"和"装饰教育"的见解很值得我们思考。

罗素认为，"使教育变得重实用而轻装饰的趋势"是一个很有讨论余地的问题，而且"实用与装饰之间的争论意义重大"。他在《教育论》中写道：学生"主要学习古典文学还是科学？有人认为古典文学是装饰的，科学是实用的。教育应当尽快成为某种职业的技术培训吗？……儿童应当学会发音准确、举止文雅，或者这些不过是贵族的遗风？除艺术家外，艺术鉴赏力是否有价值？……所有这些及许多其他论题或多或少是以实用与装饰之间的争论为论点"。

罗素认为，首先应该弄清"实用"和"装饰"的含义。在他看来，一旦对这两个术语加以限定，争论就会变得没有什么意义。什么是"有用"？罗素写道："以最广泛、最正确的意义而论，有良好结果的行动就是'实用的'。"但他又认为，实用除了结果的实用外，还必须具有内在的价值，实用的结果还得同时是"良好的"，没有良好价值的实用是没有真正意义的。所以，"不能说实用的行动就是有实用结果的行动。'实用的'东西的本质是，它有助于产生某种不仅是有用的结果"。罗素认为，有时需要一系列的实用结果，才能达到"良好的"最终结果，从而使实用具有内在价值。他举例说：耕犁有用是因为它能耕地，但耕地本身并没有用，只是因为耕地之后能够播种，它才变得有用；播种有用是因为它能产生粮食，粮食有用是因为它能产生面包，面包有用是因为它能维持生命，而生命必定是有某种内在价值的：坏的生命一点用处也没有，好的生命就可能成为有用的工具。罗素认为："当'实用'被这样限定时，教育是否应当实用的问题就不存在了。既然教育是达到目的的手段，而不是目的本身，教育当然应该是实用的。但这并不完全是那些主张实用教育的人的意思。他们所极力主张的是：教育的结果应当是实用的。泛泛说来，他们认为受过教育的人就是懂得如何制造机器的人。如果我们问机器有什么用，他们最终的回答就是机器能生产身体所需的用品——食物、衣服、住房等。由此看来，那些主张实用的人仅赋予身体的满足以内在的价值；对他们来说，'实用'就是有助于满足身体的欲望和要求。在一个人们普遍挨饿的社会里，主张实用的人作为政治家或许是对的，因为满足身体的需要，此时也许最为迫切，但若把此义宣布为终极的哲理，那他无疑是错误的。"

关于"装饰"的含义，罗素认为，用"装饰"一词形容过去的"绅士"或"女士"颇为贴切。他指出,18世纪的那种使绅士语音纯正、引经据典、衣着入时、熟谙礼节并知道何时决斗可增加荣誉的教育是最狭隘的装饰,这种旧式意义上的装饰教育的理想是培养贵族式的雅士淑女,它只能属于拥有大量财产而无须工作的阶级,现代人很少富裕到能企望获得那样的教育,因而今天已没有人提倡这种狭义的装饰教育了。但罗素认为,真正的论题并不是那种狭隘的装饰教育,真正的论题是:"我们的教育应当旨在使头脑充满可直接实际应用的知识,还是使我们的学生获得其本身有益的精神财富?"[1]罗素把装饰教育定义为传授有益于人自身完善的精神财富的教育。从这个意义上说,装饰教育同实用教育一样,也是必需的、有用的。他指出,熟悉《哈姆雷特》在实际生活中的确没有多大用处,除非某人碰巧要杀死他的叔叔,但它能给人以一种精神财富,能在某种意义上使人变得更为出色,舍此就会使人感到遗憾。所以,对于认为实用不是教育的唯一目的的人来说,他们很重视,甚至更重视装饰教育。

总之,我的观点是,教育不能把受教育者仅仅作为手段和有用的工具来培养,而首先必须把他们作为完整而丰富的人来培养。教育目的中的人,可以包含"劳动者""人才""建设者和接班人"以及"公民"等方面的内涵,却不能用其来替代"人",否则,教育目的就无法适用于所有的

---

[1] [英] 罗素. 教育论 [M]. 靳建国,译. 北京:东方出版社,1990:5-8.

教育和所有的受教育者，教育就难免缺失，人的发展就难免片面。教育的目的在本质上首先是培养"人"，而不是培养"人力"或其他什么仅供利用的工具，这是教育和教育学必须坚守的基本立场。

第二讲

教育人性化的实践性思考

随着我国社会的发展和文明的进步,人性已逐渐从一个贬义性概念变为一个具有积极意义的概念,人性论逐渐从唯心主义世界观特有的立场成为现今社会人文学科乃至日常生活中透视诸多问题不可或缺的方法论立场,以致"人性化"几乎成了一个颇为时髦的术语,成为"以人为本"的基础性内涵之一。

但"人性化"在学术研究、现实生活包括教育生活中很大程度上又成了一个过于抽象、笼统和空洞的口号式的标签,缺乏具象性内涵和实践性指向,使其本应具有的重大意义大打折扣。

人性的实际意涵和具体表现有哪些?怎样的教育才是合乎人性的教育?教育人性化在教育实践中如何具体体现和操作?教育理论工作者不甚清楚,教育实践工作者更是茫然。

思考人性与教育的问题首先是为了增强人性的意识和教育人性化的自觉，认识人性、尊重人性、顺应人性、规约人性、升华人性，把人性作为教育的基本依据之一，把教育人性化作为教育的基本原则之一。任何无视人性、贬抑人性、压制人性、扭曲人性、泯灭人性的教育都不是本真的教育，都背离了教育的应有之义。

人性的基本义理

人性的义理，即人性的含义、内容及道理。

（一）人性的基本含义

大哲学家卡西尔说："认识自我乃是哲学探究的最高目标……，在各种不同哲学流派之间的一切争论中，这个目标始终未被改变和动摇过，它已被证明是阿基米德点，是一切思潮牢固而不可动摇的中心。"[①]

自从人类意识到自己与他物应有所区别之时起，就开始了对自我本性的探寻。"人是什么？无疑这是所有问题中最重要的一个问题。因为众多的问题都取决于我们对人性的见解。"[②]为此，众多思想家、哲学家乃至政治家都把对人性

---

① [德] 恩斯特·卡西尔. 人论 [M]. 甘阳, 译. 上海：上海译文出版社, 1985: 3.
② [英] 莱斯利·史蒂文森. 人性七论 [M]. 赵汇, 译. 北京：国际文化出版公司, 1988: 3.

的理解作为构建其理论体系和制度框架的前提之一,见仁见智,争论不休。

1. 人性的定义

何谓人性?人们或者追寻人的先天自然基源,用自然法则来解释人的本性,以生物性为依据划分人性的内容;或者探究人的后天社会生活,以社会环境的作用来论证人性的现实规定,以社会性为依据说明人性的构成;或者求助于上帝的创世神话,用神灵的意志来界说人的本质,以神性为依据指定人性的来源;或者把人看作是"尚未定型的动物"和绝对自由的存在,以不确定性为依据来看待人性的变化……古往今来,学者们对人性的思考乐此不疲,精彩纷呈。然而,相对于人对自然探寻的深度,相对于人对外部世界认识所取得的科技成就,人对自身的认识依然还很茫然。人性注定是人类永远要面对、要思索、要争论而又永远没有一致答案的一个问题。

我们认为,人性是人之为人的本质性的自然属性与社会属性的交合。人的自然属性,即人与生俱来的主要源于人类本性的天然欲求;人的社会属性,即人在后天社会生活中逐渐获得的主要源于人类文化的欲求。把人性区分为自然属性和社会属性两个层面,这一认识十分关键,意指人性既是自然性的又是社会性的,只有同时具备自然性和社会性的人的本质属性才可被视为人性。完全没有任何社会印记的纯粹的自然属性,如单纯的饮食男女,与动物性并无质的区别,不应视为人性;完全没有自然渊源的纯粹的社会属性,或与人的先天本性相悖的社会属性,也不应视为人性,如等级性、阶级性等。

2. 人性定义的解析

人性之"人":指正常之人,而不正常的人尤其是精神失常者,人性因压抑、扭曲而泯灭之"人",丧失了人性的恶魔之"人",在根本上不在"人"之列。人性之"人"的典范是美善之人,不同的人在人性上是有差异和强弱的。

"本质性"属性:人性乃人之属性,但人的属性有很多,有本质的亦有非本质的,只有那些人之为人、在根本上有别于他物的属性才是人的本质性属性。把人性界定为人的本质性属性,可以避免人性内涵的过于不确定和外延的过于宽泛,避免人性与动物性的过多混淆,有助于把握人的本质。告子说"食、色,性也",即食欲与色欲都是人的本性,也是人的属性,但纯粹的饮食男女并非人之为人的本质性属性。一个没有性欲的人,不能说他不是人,而只能说他是一个生理不健全之人。尽管食欲、色欲本身并非是人的本质性属性,因为动物同样具有,但在如何理解、满足和享受食欲和色欲上就是一个上升到人性层面的问题了,人的食欲和色欲已远不局限于生存和繁衍了,已与道德、审美、价值等文化因素相关联了,在这个意义上,亦可把"食""色"视为人性。

"交合":人性是人的自然属性和社会属性的交合。"交合"有别于"总和"。"总和"有叠加、累计之意,缺乏融合性;"交合"意在交叉、融合,强调的是此中有彼,彼中有此,可以区分,无法割裂。人的自然属性虽然主要是基于人类本性的属性,是先天而有的、不需习得的、恒久的,是任何外在力量都不能根绝的，但人的本性在后天社会生活中不可避免地会打上社会文化的烙印，或被强化，或被弱化，或被升华，或被扭曲。比如人性是"自私"的，源于基因，这是人的自然天性和本能，无论是自我保存的"食"欲还是自我繁衍的"色"欲，都具有排他性。先秦法家代表慎到揭示："人莫不自为也。"商鞅说："民之于利也，若水之于下也。"韩非竭力证明，凡人"皆挟自为心也"。但人的这一与生俱来的本性在后天的社会生活中必然要受到道德、法律、规则和价值等诸多社会文化的影响和规约，使其具有了社会的属性，这就是人性中自然属性与社会属性的交合。同理，人的那些本质性的社会属性虽然主要是在社会生活中获得的，但它在人的天性那里也能找到根源，与人的自然性在根本上是吻合的。

（二）人性的基本特征

人所具有的属性很多，哪些属性可被视为人性，这在很大程度上取决于研究者赋予人性以什么样的特征。这并不是一个科学问题，而是一个见仁见智的问题。由于研究者各自的立场、视角和目的不同，对人性的内涵、特征及内容的规定也就不尽相同，不必强求一致。

依上述所给定的人性定义，人性具有以下基本特征。

1. 抽象性（共同性，普遍性）

人性是人普遍所具有的共同属性，古今中外，不论时代、地域、文化、信仰、制度、种族、民族、国籍、阶层、职业、性别、年龄，但凡是人都程度不同地具有人之为人的一些共同的、抽象的一般属性。虽然不同条件和背景下的人的人性是现实的、具体的和有差异的,但既然都是人,就一定能抽象出其共性。

2. 具体性（现实性,差异性）

人总是现实的、具体的人。在人的自然属性方面,人与人的差异是显而易见的。由于社会的政治、经济、文化的差异,生活在不同社会时代和生活环境下的人在其人性表现上更是有着巨大差异。人性的差异是人性的具体性的基本表征,这种差异表现在不同时代的不同人和同一时代的不同人之间。

3. 本质性

在人的属性中,只有那些表征人之为人、区别人与他物的本质性的属性才属于人性。否则人性的内涵和外延就会过于不确定和模糊,使人性这一概念失去必要的界限。

4. 双重性

这里所说的人性的双重性与许多学者所说的人善恶兼具的两重人性说是不同的。两重人性说自有其道理,但它不符合教育学的学科立场,教育学不应把"恶"视为人性,它只是人的属性,但非本质属性。人性的双重性在这里是指,凡人性均兼具自然性和社会性两方面,是人的自然属性和社会属性的交合。

5. 美善性

人性的美善性是指,在人的诸多属性中,只有那些表征美善的属性才被视为人性,而那些无论是先天还是后天所具有的丑恶的属性并非属于人性,因为人的丑恶性既非人的天然本性中的主导方面，也非人的后天社会性中的主导方面，是人的属性中非本质的方面。人性的主流是向善驱恶、近善远恶的，否则人类文明就不可能不断进化，美善的总量就不可能大过丑恶。人类自存在起，就不断地赋予人性以正面的价值和意义，扬善抑恶，以善制恶。人的丑恶属性，如弱肉强食、贪婪残忍、损人利己，是人与动物共有的，甚至人在某些场合下比动物有过之而无不及，但这些并不是人性的表现，而恰恰是非人性的表现，怎么能把人的非人性方面视为人性的一部分呢？如果把人的丑恶性也视为人性的一部分，那无法理解诸如"教育的人性化""管理的人性化"之类的说法。因为人性化就意味着对人性的尊重、敬畏和顺应。简言之，人的丑恶性是人的属性的一部分，但不属于人性。

因此，人性应该是人的属性中美善的那一部分，是人普遍向往的欲求，意味着美好、善良、公平、正义等等，正因为如此，人本主义者都具有浓重的理想色彩和浪漫情怀。

下面再顺便讲讲人们通常所说的人善恶兼具的两重人性说，这种认识也有其合理性和独特价值。

西方谚语说："人一半是天使，一半是魔鬼。"

康德说："'人'指既具有动物性又具有理性的东西。"

列夫·托尔斯泰说："所有的人，正像我一样，都是黑白相间的花斑马——好坏相间，亦好亦坏。"

以上论断并不错，人当然具有"动物性"和"坏"的一面。说人有一半是魔鬼尽管过于夸张，但亦非无稽之谈，"天使""魔鬼"皆为人的属性，但问题是："动物性""坏"和"魔鬼"的一面是不是人性？非人性的属性能不能算是人性的一部分？人的非本质、非主流、为大多数社会和大多数人所厌弃的属性是不是人之为人的属性呢？这就要看如何定义人性。如果把人性界定为人所具有的普遍属性，那包括人美善、丑恶正反两方面在内的所有普遍属性都可被视为人性；如果把人性界定为人之所以为人而不同于他物的本质属性或者说人所特有的普遍属性，那就只能把人的美善属性归属于人性。而人所普遍具有的丑恶属性只是人的属性的一个方面，但并不属于人性的范畴。

中国古代许多思想家也持"性二重"论。

《尚书·大禹谟》中有两句话："人心唯危，道心唯微。"意为人具有危险的"人心"与微妙的"道心"。"道心"就是道德之心、理性之心，精微高妙，具有善性。"人心"指"人欲"（主要指物欲），它很危险，具有恶性。人具有理性与欲望、善性与恶性二重性，这是中国古代关于人性的基本思想。

这里有个问题需要思考，古往今来，许多人都将人的物欲视为恶或恶之源。其实物欲本身无所谓善恶，是中性的。如果说物欲是恶之源，那它何尝不是善之源？因为善往往需要一定的物质前提，人们在追求和创造物质财富的过程中，也创造了大量的善，并为善提供了必要的基础。物欲既可能引发人去作恶，同样也可能引发人去行善。

孔门弟子世硕认为："人性有善有恶。"

东汉扬雄认为："人之性，善恶混。"

《尚书》指出："民心无常，唯惠是怀，无主乃乱。"

孟子揭示下层民众的人性弱点："若民，则无恒产，因无恒心。苟无恒心，放辟邪侈，无不为己。"

董仲舒说："民者，瞑也。"（未觉醒，不明大义的群氓。）

荀子说："君子之与小人，其性一也。""尧、舜之与桀、纣，其性一也。"

朱熹说：虽上智不能无人心，虽下愚不能无道心。

李贽说："虽圣人不能无势利之心""虽盗跖不能无仁义之心"。

我们可以以此来反思孟子的"性善"论与荀子的"性恶"论。一般人望文生义，将这两种人性论视为针锋相对、非此即彼的范畴，其实这是有问题的。孟子的"性善"是指人的理性，荀子的"性恶"则指人的情欲，二者同时并存于每一个人的人性中。

法国现代小说家莫洛亚告诫人们：如果说人的一大错误是拒绝承认人的动物本性，那么人的另一个更大的错误便是拒绝承认人的天使本性。

就自然属性而言，人的本性与动物的本性在生物性上并无本质区别。从广义上讲，人也是一种动物，是从低级动物逐渐进化而成的高级动物，既然都是动物，就不可能没有相近乃至相同的本性。所以，人无论怎么进化都不可能摆脱动物性。在对人性的界说上，许多人都竭力想把人性与动物性分割开，以提升人的地位，这实在没有必要。自古以来，许多人有一个偏见，即把动物性或兽性视为贬义，形容坏人经常用的一个词就是"禽兽不如"。这种偏见是需要纠正的，禽兽就那么坏？禽兽通常就一定比人坏？

将人性界定为人的那些具有美善性的属性，是因为只有这些属性才是人的本质所在，才是人之为人的质的规定性，才是人类进化和个人成人的基源。

人除了由情欲主宰的"人心"外，还有控制情欲的"道心"。"道心"既是道德之心，也是理性之心，是人的特殊属性。在这点上，东西方殊途同归。

人的"理性"或"意识"的特性，中国古代叫作"智慧""智虑""灵智"。孔子说"人心之灵莫不有知"，所以"哀莫大于心死"。孟子则说"心之官则思"，心灵器官最根本的特性是"思维"。扬雄明确提出人类活动具有"尚智"的特点。王充指出，"人"是"万物之中有智慧者也"。唐末无能子不是很有名，但提出的一个命题特别精当，值得我们珍视："裸虫中繁其智虑者，其名曰人。"

人的智慧特性，也决定了人的群体性、社会性特征。在人的智慧、意识机能的基础上，产生了辨别是非善恶的道德意识，这是人之区别于动物的关键。荀子指出：人"力不若牛，走不若马，而牛马为用，何也？曰：人能群，彼不能群也"；"人之所以为人者，非特以其二足而无毛也，以其有辨也……辨莫大于分，分莫大于礼"。

正是道德意识，使人傲然屹立于万物之上，成为天下最高贵的生物。正如荀子总结的那样："水火有气而无生，草木有生而无知，禽兽有知而无义；人有气、有生、有知，亦且有义，故最为天下贵也。"[①]

必须说明，将人性定义为人的美善属性，并不是要否认

---

① 祁志祥. 认识你自己[N]. 解放日报，2012-7-21.

两重人性说。一般说来，在人性的界说上并没有对与错、是与非之分，它与思想者的立场、视角和目的密切相关。古今中外，凡有代表性的人性说，都各有其依据、意义、价值和功用，都或在当时或在之后对人们的生活和实践产生过这样那样的影响，都对人类文明的进化产生过这样那样的作用，性善论、性恶论、善恶两重论、"白板"论，均是如此。我们在这里把人性限定为人的美善属性，与立足教育思考人性有关，与研究者的价值立场有关，也与改造中国教育之现实需要有关。人性的概念如同文化这一类概念一样，歧义繁多，不可能，也不需要给它下一个"科学"的定义。

人性的基本内容与教育人性化的实践策略

教育活动有两个基本依据：一个是人，一个是社会。因此，教育必然要受到来自两个方面的制约：一个是教育的人的制约性，一个是教育的社会制约性。对教育中的人的认识，我们通常关注的只是人的身体（生理）和心理（认识）方面的特点与规律，几乎无视了人性。这是我国教育理论的重大缺失，也是造成诸多教育问题的重要原因。作为人之为人的根本依据的人性，怎么可能不对人的发展和人的教育产生重大影响？人性对教育的影响及其意义或许并不亚于人的身体和心理对教育的影响与意义。

在揭示人性的具体内容之前，有必要先对此处所列人性的理论前提作出设定。

第一,所列人性都是人的那些既具有自然性又具有社会性的属性,是自然性与社会性的交合。这里所说的人性,既有人的先天性的自然倾向(这些倾向在动物尤其是哺乳类动物中也存在,并非人所特有),又具有人的社会性的倾向。也就是说,此处所说的人性,需同时兼具自然性和社会性,只具有自然性或只具社会性的人的属性,均不在人性之列。

第二,所列人性都被赋予了正面价值,是人普遍向往和在社会生活中不断得到肯定的那些人的属性,这些属性是人在本质上区别于、高贵于动物的属性,是吻合人追求美善生活的本性的属性,是能够表征人的本质的属性。

第三,所列人性都是从人的需要和欲望的角度提出来的。套用笛卡尔的"我思故我在",可以把人性理解为"我欲故我在"的一种存在。人之所以能够意识到自己的存在,在某种意义上就在于他有着某种欲求。人如果没有欲求或需要了,他就不存在了,或者他的存在就没有意义了。人总是生活在需要和需要满足的链条之中,人之为人的那些需要便构成了人性。《尚书》所说的"人心",指的就是人的欲望。马斯洛认为,人性在其本质上表现为一系列的基本需要,需要是引发人的一切行为的最终动因。这些需要按其强弱层次可分为生理的需要、安全的需要、相爱与归宿的需要、尊重的需要以及自我实现的需要等。马克思认为:"任何人如果不同时为了自己的某种需要和为了这种需要的器官而做事,他就什么也不能做……"所以"在任何情况下,个人总是'从自己出发的',……他们的需要即他们的本性"①。人在生活中以不同的方式和手段产生与满足着不同的需要,就会表现为不同的人性,所以从人的需要便可洞察人性。

所谓教育人性化,就是要在教育中正视人性、引导人性、利用人性,尽可能激活和满足人性的需求并不断解放、培育和升华人性。人性是一种客观存在,是不可无视的,诸多所谓"人心所向",实乃"人性所向"。人性虽然可以被压抑、被扭曲、被摧残,却是不可绝灭的,因为人性是人的本质属性,人在,人性就在!人性规律是不可抗拒的,顺之则昌,逆之则亡,人类历史的无数事实早已证明了这一点。

关于人性,人们在谈论它时,很大程度上是将其作为整体、笼统和抽象的概念,缺乏具象性,缺乏人性具体内容的解析。由此,人们在言说"人性化"时,就缺乏对应的具体人性内容的依据,致使"人性化"在很大程度上成了一个纯粹的理念和抽象的口号。人性究竟包含哪些具体内容?这是我们在谈论"人性化"时需要首先思考和明确的,尽管这也是见仁见智的。下面我们从人性的七个方面来展开教育人性化的思考。

(一)"利己"及其教育人性化

人与其他动物一样,是有需要和欲望的,有需要和欲望

---

① [德]马克思,恩格斯. 德意志意识形态[M]//马克思,恩格斯. 马克思恩格斯全集(第3卷). 北京:人民出版社,1960:286、514.

就必然会去设法满足。无论是需要的产生还是需要的满足，都是指向利己的。利己，既是人的第一本性，也是人的第一社会性。无论是个体的人还是类的人，利己都是其最本质的属性，是人的一切属性的基础，是人生存和发展的第一内驱力。

1. 何谓"利己"

利己即自利、自爱，是人趋利避害、近乐远苦的本性。既然是本性，就应该在概念上首先将其视为中性词，而不是一个天然的贬义词。利己本身并没有道德不道德的问题，只有涉及利己的手段和途径时才关涉道德问题，通过利他而利己就是道德的，通过损人而利己就是不道德的，利己而不损人，同样是道德的。

人利己，这是一个事事处处可证的常识，亦是公理，即经过人类长期反复实践检验，不需要再加证明的命题。对此首先必须承认它、正视它，继而利用它、规范它、引导它。

尽管我们把利己在概念上首先视为中性词，但事实上和现实中，利己更趋向于善，或者说，应该把利己在根本上视为善。人如果自己都不爱自己，自己都不为自己好，且不说这不可能成为普遍的事实，即便真有这样的人，那他不仅不可能真正地去爱别人，简直就令人十分可怕了。不自爱的人，要么是一个危险的人，要么就是一个无赖。

费尔巴哈认为，道德决不应该否认个人的利己心，他反对那种无条件地使自己不幸福以便使他人幸福的道德，因为没有个人对自己利益的追求，社会就不可能前进，因而"道德必须基于利己主义,必须基于自爱,必须基于幸福欲,舍此以外道德便毫无根据而言了"①。亚当·斯密在《道德情操论》中写道:"毫无疑问,每个人生来首先和主要关心自己;而且,因为他比任何其他人都更适合关心自己,所以他如果这样做的话是恰当和正确的。"②斯密把改善自身生活条件看作"人生的伟大目标",把基于个人利益的利己主义称为"自爱"(Self-Love)。他指出:"支配人类行为的动机有自爱、同情心、追求自由的欲望、正义感、劳动习惯和交换倾向等。"③叔本华指出:"人主要的和基本的动机和动物的一样,是利己主义,亦即迫切要求生存,而且要在最好的环境中生存的冲动。"④爱尔维修认为:"人是能够感受肉体的痛苦和快乐的,因此他逃避前者,寻求后者。就是这种经常的逃避和寻求,我称之为自爱。"⑤夏夫特伯利认为,最高的道德是"利己的感情"和"自然感情"的和谐,"如果一个生物对自我是冷漠的并且对危险又麻木不仁,或者如果他想用任何这类情感来维持生存和自我防御,那么根据造物主的

---

① [德]费尔巴哈. 费尔巴哈哲学著作选集(下卷)[M]. 荣震华,等译. 北京:商务印书馆,1984:802.
② [英]亚当·斯密. 道德情操论[M]. 蒋自强,等译. 北京:商务印书馆,1997:101-102.
③ [英]亚当·斯密. 道德情操论(译者序言)[M]. 蒋自强,等译. 北京:商务印书馆,1997:13.
④ [德]叔本华. 伦理学的两个基本问题[M]. 任立,孟庆时,译. 北京:商务印书馆,1996:221.
⑤ 周辅成. 西方著名伦理学家评传[M]. 上海:上海人民出版社,1987:416.

意图和目的,这被认为是恶的"①。马克思也指出:把人和人"连接起来的惟一纽带是自然的必然性,是需要和私人利益,是对他们的财产和他们的利己的人身的保护"②。

2."利己"的教育人性化思考

利己既然是人性的一个部分,而且是其中最基础性的部分,那作为学生的人,当然也是利己的。受教育者的这一属性,自然会对其自身的发展和教育产生广泛与深刻的影响,为此教育必须予以正视和应对。

(1)将利己性作为学生可教性的基础。

以往教育理论在论证人的可教性时完全是局限于人的认知能力而言的,这还不足以说明人为什么具有可教性,以及为什么不同的人具有不同程度的可教性。"可教"首先要以"需教"为前提,如果不需要受教育,"可教"就没有了意义。教育不仅存在于人类中,在一定意义上和一定范围内也存在于动物中。动物为什么具有可教性,其根本就在于动物有生存和繁殖的欲求。就人而言,认知能力只能解释人为什么能够受教育,而不能解释人为什么要受教育。从本性上讲,人为什么愿意受教育,与动物生存和繁殖的欲求并无本质区别,只是人还有不断追求更高品质生活的欲求。

人为什么要受教育、愿受教育、不得不受教育,根本上就在于人想更好地生存和发展,想过更好的生活,无论对何

---

① [美]尼布尔. 道德的人与不道德的社会[M]. 陈维政,等译. 贵阳:贵州人民出版社,1998:203-204.
② [德]马克思. 论犹太人问题[M]//马克思,恩格斯. 马克思恩格斯全集(第3卷). 北京:人民出版社,2002:185.

谓"好生活"作何理解。假设一个人出于种种原因而完全放弃了过更好生活（包括物质的和精神的）的欲求，那他在人性上便失去了可教性，他会拒绝受教育，教育对他不会产生效应；如果教育者想对他进行教育，就必须首先唤醒他的利己心，激起他想过更好生活的欲望，否则教育就是徒劳的。现实生活中，在人性上完全失去可教性的人极少，但可教性不同程度弱化的人并不少。许多父母、教师虽苦口婆心、痛心疾首地对孩子说："我还不是为了你好啊！"但实际上并没有任何效果，因为这些孩子根本就不想要父母或老师所说的那个"好"。每当此时，教育者与受教育者就会形成尖锐的对立，教育者更是不解和生气。对于这样的学生，教师应分析他们不想学习的原因，在人性上唤醒学生过更好生活的需要，这是教育和受教育的基本前提。

（2）承认并鼓励学生为自己而学的动机。

人之所以是利己的，就在于人的需要的产生和需要的满足，归根结底都是指向自己的利益的。利益，即有利的和有益的获得，这当然是任何人都趋向的，不管对何谓"利"、何谓"益"作何理解。由于价值观的不同，利益既有正面的也有负面的，既有高尚的也有低俗的。正确的价值观，当然是主张正面的利益和倡导高尚的利益。需要，或利己，是人的行为产生的根本动因，正如马克思所指出的那样，"……人们奋斗所争取的一切，都同他们的利益有关"[1]。

---

[1] ［德］马克思，恩格斯. 第六届莱茵省议会的辩论［M］// 马克思，恩格斯. 马克思恩格斯全集（第1卷）. 北京：人民出版社，1956：82.

承认人性的利己，当然就应该承认学生把为自己而学作为学习的基础性动机的必然性和合理性，不必遮蔽和掩饰，不必自欺欺人，不必假装高尚。为自己而学就是首先立足于为自己更好地生存和发展，为自己过更美好的生活而学，为实现自己的人生价值和理想而学，也包括为满足自己的好奇心、求知欲、兴趣爱好和精神生活而学。长期以来，我们最响亮的口号是"为革命而学习""为'四化'而学习""为振兴中华而学习"，等等。这当然是对的，但这些口号一不小心就会成了假大空的说教和虚假的道德表演，把为社会而学与为自己而学对立起来了，认为为社会而学的动机就是高尚的，为自己而学就是低俗的甚至错误的。其实这两种学习动机并无对错、高低之分，在根本上也并非是对立的，因为个人与社会在本质上是统一的、相辅相成的。为利己而利己，恰恰难以利己；为利己而损人，恰恰是在损己；通过利他而利己，恰恰更有助于利己。抛开为自己而学，为社会而学就无从谈起；抛开为社会而学，为自己而学就无从实现。一个学生首先没有为自己而学的动力，何谈为祖国而学？当然，为自己和为社会并不是没有矛盾和冲突，但在根本上和连续的意义上是统一的，而且统一得越好，就越有利于个人和社会。其实，无论是个人还是社会，所做的许许多多的事情，都是为了尽可能消除或减轻个人与社会在利益上的冲突，以实现或接近个人利益与社会利益的统一。

学生首先是为自己而学，这是事实，是正常和必然的，也是积极的心理状态，是学生刻苦学习强大的、持久的动力。为此，教育者不必非用所谓的高尚的学习动机去教育他们，这种教育容易空洞、苍白、矫情。其实，教育者也首先是在"为自己而教"。

（3）道德教育要立足于学生个人利益。

道德教育应尽可能立足于学生合理的个人利益，充分关注、理解和尊重学生合情合理的个人需要，这样的教育更有利于祛除说教性，更有利于与学生的人性和个人需要产生共鸣，更富亲和性，更易于使学生感受到教育者的真诚，更易于入耳、入脑、入心。在关涉个人利益与集体利益的关系时，不要总以为集体的利益就一定高于个人的利益，个人就一定要为集体利益而舍弃和牺牲，不能无前提、无条件地认为"个人的事再大都是小事，集体的事再小都是大事"。即便需要以集体利益为重时，也需充分关照个人利益。个人与集体是相辅相成、相互依赖、相互包容的，不要把集体变成不能容纳个体和个性的"虚假"的集体。

当学生犯了某些错误时，许多教育者总是习惯于说他如何损害了集体的利益、他人的利益，这种批评没有错，但也要指出他可能损害的首先是他的个人利益，因为他的利益和集体的利益是关联在一起的，因为如果他损害了集体的利益，集体就可能会让他失去某些利益。

（4）引导学生调控利己的度。

利己虽然在概念上是一个中性词，但利己的确很容易滋生出恶，利己也的确是万恶之源。除了用道德和法律来规范、控制人利己的手段，同时还要控制利己的度，尤其是功名利禄方面的外在欲望，适可而止，量力而为。

利己作为人性的一部分尽管是无可厚非的，但也并不能因此而不加限制地褒扬，更不可纵容其无度膨胀，因为过度的利己的确极易滋生恶的动机，如果不加规范和约束，那对个人和社会都会造成危险。亚当·斯密虽然肯定个人私欲的合理性并褒扬"对我们自己个人幸福和利益的关心"[①]，但又反对"贪婪"。私欲本身虽然无所谓道德不道德，但过度的欲望不仅可能诱发损人利己的行为，使人不择手段，而且也易使人痛苦。所谓"过度"，就是明显超出了满足需要的主客观条件。

对学生而言，教师应引导他们有理想、有抱负、有追求，但不要好高骛远、私欲膨胀，把功名利禄上的目标定得过高。人的生活是一种可能生活，其终极目的是人生幸福，学生应该有多种可能的人生定位，不一定都要有远大抱负，不一定都要树雄心立大志，做一个随遇而安、为别人鼓掌的人，同样可以幸福快乐。欧洲文艺复兴时期的人文主义者提出一种个人利己主义，其口号是："我自己是凡人，我只要求凡人的幸福。"[②]人生幸福虽与金钱、地位有关，但更与生活态度和价值取向有关。在人生目标上定位过高、太有抱负、太想出人头地的学生，很容易在发展中出现重大缺点，往往过于看重分数，过于自私，过于自我、自负、自恋、脆弱、狭隘、嫉妒。

（5）保持和鼓励教育中的良性竞争。

---

① [英] 亚当·斯密. 道德情操论 [M]. 蒋自强，等译. 北京：商务印书馆，1997：400.
② 黄楠森，夏甄陶，陈志尚. 人学词典 [Z]. 北京：中国国际广播出版社，1990：297.

竞争性是人所具有的一种基本属性，是与动物生存和繁衍的利己性相一致的。"物竞天择，适者生存"，这是生物界的普遍规律。人与动物一样，天生有一种争斗性、好胜心和排他性，为生存和发展所必需，是无论作为个体的人还是作为群体的人进化与发展的动力源。竞争性是人的利己性的必然表现，在可能的条件下，人自然是争胜而不是求败。

在学生的学习和发展中，自然会存在程度不同、形式不同的竞争，我们应该承认竞争在教育中的积极价值。竞争有助于调动学生的积极性，有助于长善救失、扬长避短，有助于自我反思、自强不息，有助于激扬生命、保持活性，有助于养成学生进入社会和职场后所必需的竞争性人格。但教育中学生的竞争应该是良性的。所谓良性竞争，就是强调竞争的适度性、温和性、合作性、正当性、平等性和包容性。

（二）"求真"及其教育人性化

1. 何谓"求真"

"求真"的含义很清楚、很简单，但它在认识和实践上又是复杂和艰难的。求真的核心内涵就是追求真理，就是一种为真理而真理的精神和勇气。要求真，就必须追求真实，尊重事实，探究真相，求实求是。求真是与虚假、欺骗、妄说、愚弄和强加不相容的。

求真是人的一种天性，也是好奇心的一种表现。人总是倾向于弄清和把握外界的真实情况与本来面目，因为这有利于人在趋利避害中恰当地选择。即便是动物，如果老是被欺骗和糊弄，也会不愉快并产生不信任感，比如在动物训练中，如果人老是欺骗动物，那这种训练便无法持续。

人类存在以后，求真便成为一种普世价值，尽管人类社会从来都存在虚假和欺骗，但这并不是人心所向。"真"在"真善美"中居首，是"善"和"美"的前提，在通常情况下，不真，也就很难有"善"和"美"，求真本身也是一种善和美。由于人们普遍好"真"恶"假"，故说假、做假的欺骗便为人所厌恶。正因为求真是一种人性，所以一般人在欺骗时往往都会产生不安并引起生理和心理上的一系列不正常反应。

美国一项研究显示：少说谎有利于身心健康。印第安纳州圣母大学的心理学者曾征集110名志愿者参与为期10周的诚实实验。志愿者年龄介于18—71岁。研究人员把志愿者分为诚实组和对比组，要求诚实组在实验期间无条件杜绝谎言，可以选择略过真相、不回答问题或保守秘密；对比组则不作要求。研究期间，志愿者每周接受体检，实验负责人凯莉博士还要评估他们的人际关系状况，并借助测谎仪了解对比组志愿者的说谎情况。结果显示，说谎少的志愿者生理健康和心理健康均有所改善。此外，减少说谎行为的志愿者都认为自己的人际关系有所改善。[①]

为什么测谎能得以成立？其人性依据就是人在本性上是好真恶假的，说谎会在内心深处与人性发生冲突，从而产生

---

① 乔颖. 讲真话更健康［N］. 北京晨报，2012-8-6.

紧张和不安，继而引起生理上的一系列变化并被各种仪器记录下来。而说实话的人，内心是从容、平静的。

远在古希腊时期，"我爱我师，我更爱真理"便成为当时师生关系的座右铭。在现代社会，"真理面前人人平等"更成为一种普遍的价值观。

2."求真"的教育人性化思考

就"求真"而言，教育的人性化就是要在教育中满足人追求真理、接近真实、探究真相的欲求，教师应以真诚的态度、求实的精神和平等的观念与学生交往，向学生传递符合事实与真相的知识，引导学生接近真理。

在我国，道德教育中存在着一定的虚假性。之所以虚假，主要表现在两个方面：一是所宣扬的道德有不合人性的方面，甚至严重背离人性，其中，违背作为人之本性的利己心尤为突出，由此道德教育中便不免充斥着"假大空"；二是道德教育和相关教学中存在着一些不符合事实的内容，甚至为满足某种需要不惜篡改和歪曲事实，掩盖真相，蒙骗师生。

在学校教育中，"高尚"的道德说教很容易使单纯而又积极追求进步的孩子们产生"道德重负"，生怕落后，生怕得到的表扬比别人少，于是一些学生便自然而然地学会了弄虚作假和道德表演，如把自己的钱忍痛作为失物交给老师。

求真，首先要求教师要多说真话，少说假话，多做实事，少做虚事，多真情实意，少虚情假意，为学生做出表率。

（三）"向善"及其教育人性化

1. 何谓"向善"

"善"与"恶"相对，其本质是爱。每个人心中都有善性，"恻隐之心，人皆有之。""道不远人。"孟子认为："仁义礼智，非由外铄我也，我固有之也，弗思耳矣。"人的属性中虽有恶性，但恶性并非人的本质属性，因而为人所厌弃，善才是人的本质属性，为人所向往。按照人的本性，向善、求善、为善，能使人心安和愉悦，作恶便易不安和恐慌。

向善既然是人之本性，那么人类社会就必然会按照善的意愿和尺度去构建社会的制度与伦理，以扬善抑恶，使人的生活更加美好。因此，向善、扬善从古至今都是人类社会的普世价值。

在社会生活中，更多的还是以善易善，以善出发而以善告终，善心、善意和善行通常能够得到他人和社会的肯定与褒奖，有助于个人身心健康、生活愉快，也更有助于人的生存和发展。

"善有善报、恶有恶报"不仅是社会的普遍法则，也是有其科学依据的。"好人有好报"除了有日常经验的支持，也得到了科学证实。美国生命伦理学教授史蒂芬·波斯特和小说家吉尔·奈马克在综合40多所美国知名大学的100多项研究成果的基础上证实：付出与回报之间存在着神奇的能量转换秘密，即一个人在付出的同时，回报的能量也在通过各种形式向此人返还，只不过大多数情况下，自己浑然不知。"乐于付出的人，比起那些较少付出的人，明显地更长寿，生活也更幸福。""科学研究发现，当人们做好事的时候，会感觉非常好，这是人类的天性所决定的。……付出未必要做出牺牲，你天生的基因本是如此。"①而那些与人不善、心胸狭窄、妒火中烧、贪图便宜、精于算计的小人，通常不易身心健康、幸福快乐。

由此，人们越来越把道德健康纳入健康的范畴。世界卫生组织关于健康的概念已有了新的发展，即把道德修养纳入了健康的范畴。健康不仅涉及人的体能方面，也涉及人的精神方面。将道德修养作为精神健康的内涵，其内容包括：健康者不以损害他人的利益来满足自己的需要，具有辨别真伪、善恶、美丑、荣辱等是非观念，能按照社会行为的规范来约束自己及支配自己的思想和行为。把道德健康纳入健康的大范畴是有科学依据的，善良的品性、淡泊的心境是健康的保证。与人相处善良正直、心地坦荡、遇事出于公心、凡事想着别人，这样便少有烦忧，易于平衡，有利健康。良好的心理状态，能促进人体分泌更多有利的激素、酶类和乙酰胆碱等，这些物质能把血液的流量、神经细胞的兴奋调节到良好状态，从而增强机体的抗病力。②美国科学家研究发现，乐善好施的人活得更健康、更长寿。耶鲁大学、加州大学和密歇根大学对9700位居民进行了14年跟踪调查，三所大学得出相同结论：乐于助人者预期寿命显著延

---

① [美]史蒂芬·波斯特，吉尔·奈马克. 好人会有好报吗？[M]. 高子男，译. 广州：南方出版社，2011：1、62.
② 丁永明. 道德健康被纳入健康范畴[N]. 北京青年报，2007-9-1.

长,在男性中尤其如此。科学家指出,人们展现出慷慨大方是受到"脑垂体后叶激素"的影响。脑垂体后叶激素是一种神经传导素,一个人遇见令他感动的事或感到自己获得了别人的信任时,会自然而然地刺激这种荷尔蒙产生作用。从免疫系统的角度看,常常行善,有益于增强人体免疫力。①

一般说来,善良的人大都比较豁达、包容、乐观、平和,这不仅有助于提高生活品质,而且有助于实现利己与利他的良性互动。

2."向善"的教育人性化思考

让教育充满爱,与"生"为善,更多地给予学生信任、尊重和宽容,以善为基础的严格要求更有可能取得好的教育效果。

(1)确立人性善的教育观。

每一种教育观背后都可能潜藏着对人性善恶的某种假设或预设,这对教育行为的选择有着重大影响。教育中的人性善恶假设主要是指教育者在根本上是把受教育者预设为是可信任的还是不可信任的。

儒家虽然讲"性本善",但从封建主流文化特别是政治文化的角度看,在中国传统的教育观念中,事实上教育者更倾向于把受教育者的人性设想得偏恶一些,即认为儿童总是不太懂事、不太自觉、不太守规矩,因而是不太值得信任的,必须严加管教和约束,否则他们就会违背教育者的意愿

---

① 林一诺. 助人者长寿有依据[N]. 世界新闻报,2008-8-12.

做出一些"坏事"来。在这种人性预设的教育中，教师对学生的怀疑大大多于信任、批评大大多于表扬、苛求大大多于宽容、压制大大多于鼓励、约束大大多于自由、收敛大大多于发散，这种教育在根本上是防范性和规训式的。教育中越是怀疑学生，越是力图防范和控制学生，学生的自觉性、自控力、责任感就越是弱化，继而便是更多的怀疑，从而形成一种负循环。

这种教育观不仅表现在对学生的管理上，也表现在教学上。在许多教师看来，学生基本不具备独立的认知和判断能力，必须在教师规定的认知活动中才能进行正确和有效的学习。所以，中国教育自古就过分强调教师的身份权威和教师教的作用，教师的教又主要体现为教师的讲，教师的讲又要求头头是道、条条有理，左右逢源、滴水不漏，层次清楚、细致入微、清清楚楚、明明白白，重点、难点、关键更是要讲透、讲"烂"、讲"化"，不给学生留下疑难问题；而且，所讲观点必须是统一的和确定的，以免把学生的思想搞乱，不明是非，更不能给学生讲不成熟、有争议的内容。由此，学生变得越来越被动、消极、怠惰，越来越缺乏判断能力和选择能力。

在西方，虽然基督教原罪说持典型的性恶论，但在古希腊的雅典时期和自文艺复兴开始，西方教育更倾向于将儿童的人性预设为"善"，认为儿童的天性天真无邪、美好善良，是值得信任的。拉丁文中"教"的涵义就是"引出""导出"之意。总体来讲，在西方教育中，教师对学生的信任大大多于怀疑、表扬大大多于批评、宽容大大多于苛求、鼓励大大多于压制、发散大大多于收敛、自由大大多于约束。这就是一种性善的教育观。

（2）引导学生利他而利己。

不管社会现实如何，不管道德教育多么艰难，教育必须永远引导学生向善、为善，树立以利他而利己的道德信念，相信善有善报。利己虽然无可厚非，但只有通过利他而利己，才是可靠的、长远的，也才是道德的、高尚的。

（四）"爱美"及其教育人性化

1. 何谓"爱美"

爱美首先是人的天性，爱美之心，人皆有之。爱美在动物界也是存在的，这种需要直接源于动物求偶的欲求。爱美既是人的天性，但又远远超越了求偶的需要，逐渐演化成了一种社会性的精神需要。美能愉悦身心、美化生活、陶冶情操、高尚志趣、纯正品格。人不仅追求身体的美，向往自然的美，更崇尚心灵的美、道德的美和艺术的美。人都喜好美好的事物，有着审美的内在需要，尤其是在人的基本需要得以大体满足后，审美的需要便会得以凸现。

2. "爱美"的教育人性化思考

爱美之心，人皆有之，学生当然也不例外。美无处不在，教育中当然也有美，而且更应该力求赋予其美和审美价值，因为培养学生的审美情趣和审美能力是教育的重要目标。学校教育除了应重视音乐、美术等专门的美育课程，重视学校环境的美化，还应重视将美渗透于整个教育活动之中，使其富有美感、审美价值和美育的意义。

这里重点从教学艺术的角度谈谈教育中的美。

教学不仅具有科学性，也具有艺术性。然而在我国，无论是中小学还是大学，教学总的来讲是过于技能化、技术化和操作化，主要关注的是已基本客观化和较为标准化了的教学方式、方法、规程等可以"复制"和应用的技能，使得教学过于机械、呆板、单调、乏味，周而复始、循环往复，缺少趣味性和吸引力，教学的技术性有余，艺术性不足。

教学艺术指的是在大体遵循教学原则的基础上比较稳定、综合地体现出来的具有主观性、情感性、应变性、独特性、审美性、不确定性以及感染力、穿透力和吸引力的教学的智慧、个性与美感。与教学技术不同，教学艺术难以通过教与学、示范与模仿以及实训来习得，而要在教学实践中通过内省、感悟和意会逐渐内化而成。

有艺术性的教学，能够满足学生的审美需求，给学生带来美的享受与愉悦，并对学生情感的发展起到积极作用。充满艺术气质的教学，能让学生赏心悦目、如坐春风、陶醉其中，所得会远远超出知识和课堂。

要使教学具有艺术性，教师必须全方位地修炼综合素养、发展多才多艺，包括知识面、学养、思维方式、个性特点、人格魅力、生活体验、人生智慧等，提高自己的教学艺术能力，如言语艺术、批语艺术、幽默艺术等。

充满艺术性的教学富有美感，更能持续地、渗透式地让学生感受美、体验美，在教学美中获得美的陶冶，满足美的需要。

(五)"喜新"及其教育人性化

1. 何谓"喜新"

"喜新",即指人通常更喜欢新鲜、新异、新奇的事物的人性倾向。好奇心是人性的重要表征,人在天性上就更喜好"新",更喜好变化、丰富和多彩。因为"新"更具有刺激性和挑战性,更能使人兴奋和保持活性。如果说其他动物对"新"还不太敏感的话,人对"新"的反应是非常敏感而向往的。从某种意义上讲,人是"喜新""厌旧"的动物。

随着人类社会的发展,求新、创新逐渐成为人的社会属性的重要表征,在现代社会中尤其如此。喜新的人更富活力和创造力,更能高质量地生存和发展,更能在"适者生存"的竞争中获得先机,也更能获得成就感和自我实现。

人性中的"喜新"在社会生活中表现在横向和纵向两个方面:横向方面表现为对多样性和丰富性的倾向,纵向方面表现为对创造性和超越性的倾向。由此,人类社会不断走向多样多元,不断趋于变化发展。

无论是就人的天性还是就人的社会性而言,人都比较排斥陈旧、单调、重复。从生理学的角度讲,陈旧、单调、重复的事物易使人的大脑产生抑制;从心理学的角度讲,其易使人乏味、注意力分散并诱发惰性。

《读者》杂志2002年第6期"卷首语"摘登了《北京文学》刘燕敏的一篇文章,标题叫"熟悉的地方没有风景",很能说明人追求新异、变化和多样的人性倾向,转述如下:

美国《幸福》杂志曾在征答栏中刊登过这么一个题目:

假如让你重新选择，你做什么？一位军界要人的回答，是去乡间开一个杂货铺；一位女部长的答案，是到哥斯达黎加的海滨经营一个小旅馆；一位市长的愿望是改行当摄影记者；一位劳动部长是想做一家饮料公司的经理。几位商人的回答最是离奇：一位想变成女人；一位想成为一条狗。更有甚者，想退出人的世界，化为植物。其间也有一般百姓的回答，想做总统的，想做外交官的，想做面包师的，应有尽有。但是，很少有人想做现在的自己。

人有时非常矛盾。本来活得好好的，各方面的环境都不错，然而当事者却常常心存厌倦。对人类这种因生命的平淡和缺少激情而苦恼的心态，有时是不能用不知足来解释的。

我曾对住在森林公园的一对夫妻羡慕不已，因为公园里有清新的空气，有大片的杉树、竹林，有幽静的林间小道，有鸟语和花香。然而，当这对夫妻知道有人羡慕他们的住所时，却神情诧异。他们认为这儿没有多少值得观光和留恋的景致，远不如城市丰富有趣。

当时，我的感觉是，熟悉的地方没有风景。这对夫妻对这儿太熟悉了，花草树木，清风明月，在他们漫长的日子里，已不再有风景的含义，而是成为习以为常的东西。《幸福》杂志上的那些部长、商人及平民百姓，之所以不愿做他们现在的自己，与住在森林公园的那对夫妻一样，是对长期拥有的那片风景，已经习以为常，风景已不再成其为风景了。

在人生的旅途中，最糟糕的境遇往往不是贫困，不是厄运，而是精神和心境处于一种无知无觉的疲惫状态。感动过你的一切不能再感动你，吸引过你的一切不能再吸引你，甚至激怒过你的一切也不再激怒你，这时，人就需要寻找另一片风景。

工作和生活中，我们追求知识，挣脱旧我，纯洁精神，净化灵魂，升华自己。其实，深究其根源，也是因为熟悉的地方已没有风景了。

熟悉的地方之所以没有风景，就在于熟悉的地方为人所适应了，没有新鲜感、刺激性了，没有变化而使人麻木了，归根到底就在于与人性的倾向不相适应了。人如果这时无法到一个"新地方"，就需要在这个熟悉的"老地方"用新的眼光和新的尺度去发现、捕捉和体悟心中不曾有过的"风景"，否则，单调、乏味、枯燥、无聊就将不断延续和加重。

2."喜新"的教育人性化思考

要满足学生"喜新"的人性需求，就应使教育教学经常地具有一些新意，不时有所变化，有所创造，有所不同，以避免简单重复、老生常谈、单调乏味，在适当的范围内，追求理念新、内容新、思想新、观点新、方法新、方式新、语言新、教具新、表现新，并力求学校生活与教育活动的丰富多彩和自由多元，使教育教学具有一定的"异""奇""特""变"，适时、适度、适人、适景地变换活动内容和活动方式，以满足学生好新、求异的人性需求。

以"喜新"为依据的教育人性化，最重要的教育价值指向就是培养学生的创新素质。在教育中培养学生的创新素质并非那么神秘和高不可攀，第一，教育中所培养的创新素质主要是指培养学生创新的意识、勇气和精神,所追求的主要是创新的过程而不是结果;第二,教育中的创新活动主要是指个体认识论意义上的创新,即学生在教师的引导下去发现学生自己未知的事物,而不是去发现人类尚不知晓的事物。

此外,促进学生全面、自由、丰富和生动活泼的发展,也是对学生"喜新"需求的一种满足。

(六)"自由"及其教育人性化

1. 何谓"自由"

"自由",即人的一种"随心所欲,不逾矩"的状态,是人生存和发展的最高境界。追求自由首先是人的天性,动物同样具有这种本性。自由是人生存、发展、活动、创造的重要前提。仅从本性上讲,人是追求绝对自由的,自由、自主、自在、自为的状态在心理感受上能使人无比惬意,束缚、压抑会使人不快,只是在社会生活中有自由就一定有不自由。

人类社会产生后,自由逐渐成为人的最重要的一种社会特性,获得自由是人的全部活动的最高目的,人类所有活动的最终指向,都是不断把自己从各种奴役中逐步解放出来,由"必然王国"进入"自由王国"。自由能给人和社会带来活力、多元和丰富,还会带来竞争力和创造力。

自由是人类社会追求的最基本、最核心、最珍贵的价值,是一切价值的前提和基础,居民主、平等之先,至高无上;自由的核心,是精神自由。

社会所倡导的自由大致有三个方面的含义：一是个人有做自己愿意做的事情的权利；二是个人必须为自己所做事情的后果承担全部责任；三是任何个人的自由不得以妨碍他人的自由为前提。

2．"自由"的教育人性化思考

自由教育和教育自由是人类教育所追求的普遍价值，没有自由的教育，在根本上还不是真正的教育，因为它是背离人性的，没有自由的教育也不可能培养出真正的高素质人才，特别是创造性人才。"为什么我们的学校总是培养不出杰出人才？"（钱学森之问）原因固然很多，但其根本原因就在于我们的教育缺少应有的自由度和多元性。

教育自由主要包括教育制度的自由、教育思想的自由、教育活动的自由，具体体现为教育的体制、理念、目标、内容、手段、方法等方面的自由和多元。

自由在教育中的基本表征就是教育的多元性。多元性教育追求自由、民主和平等，提倡结论的多样性和获得结论的思维方式与认知途径的多样性，强调求异、追求个性、宽容另类、鼓励创新，反对教育的专制性及无条件的求同和以循旧性与强制性为前提的统一性和标准化。

充斥着专制性、等级性、强制性、封闭性、循旧性、唯一性和排他性的一元性教育是不合人性的。

（七）"性"及其教育人性化

1．何谓"性"

"性"，在这里，一是指男女两性之间的相互吸引和相互需要，既包括身体的也包括精神的，身体上的性需要是自然性的，精神上的性需要是社会性的；二是指"性别"，即男女两性的区别。

性需求是人的本性和本能，源于动物繁衍的需要，也是异性相吸的必然表现。对于人来讲，性需求不仅是具有动物性的一种自然属性，更是一种具有诸多社会性的属性，其满足能带来身体上的快感和精神上的愉悦。

正常人都是异性相吸，都有对异性的需求。弗洛伊德的"泛性论"特别强调"原欲"（libido），即性本能的作用，认为存在于无意识中的性本能是人的心理的基本动力，是摆布个人命运、决定社会发展的永恒力量。虽然弗洛伊德可能夸大了人的性本能的作用，但性本能的确是不可忽视的，它的作用广泛而深刻，神奇而微妙，以致"性"成了文学永恒的话题。

人分男女，有着天生的、自然性的区别，并在此基础上形成了社会和文化上的差异。由于男女两性既具有自然性又具有社会性，所以性别也可被视为人性的内容之一，男人有"男人性"，女人有"女人性"。这种区别，深刻地影响着社会的发展和文明的进化，也深刻地影响着个人的成长和发展。

2．"性"的教育人性化思考

（1）异性相吸。

异性相吸，对教育有着不可忽视的影响和扰动，既有积极的一面，亦有消极的一面。处理得好，异性相吸可以产生神奇的教育力量，反之，便可能让人焦头烂额。对此，我们需要做好以下几件事。

一是正视。异性相吸是一种客观存在,是正常人的属性,并深刻而微妙地影响着教育活动和人的发展。教师不要简单地将"性"视为低俗,更不要轻易将其与道德相联系。进入一定的年龄阶段后,如果异性之间不能相互吸引,那就不正常了。

二是引导。异性相吸对于进入青春期后的学生而言是"双刃剑",对人的发展和教育既有一定的积极意义,又有不小的消极负面影响,因而成人和教师的引导至关重要。比如早恋(或过密接触),就是一个世界性的教育难题:压制通常不是办法,引导又谈何容易!精神分析学认为,人的本能欲望应得到合理满足而不是过度放纵,适当自我控制,而不是强行禁止,应力图使人的性行为的动机得到升华。这样,人的心态才可能健康,人格才可能和谐,否则,人就会陷入焦虑甚至精神失常。①

三是利用。"异性相吸"具有诸多可资利用的教育价值,也是一种教育资源。空想社会主义者傅立叶在他的"法朗吉"中,就很善于利用男女相吸的"情欲"来激发人的劳动的热情,即将男女混合编队从事劳动,这与人性是相符合的。在教育中,学生对男女混合的集体活动通常比较感兴趣(除了"性反感期"),表现得比较兴奋,积极性较高,有的学生比较听异性同学的话,这在教育中都是可以发掘

---

① 黄楠森,夏甄陶,陈志尚. 人学词典[Z]. 北京:中国国际广播出版社,1990:822.

和利用的，有时还可能取得意想不到的教育效果。

（2）"因性施教"。

男女有别，教育亦需要适当区别对待，"因性施教"。这也是对人性的一种正视和尊重。

生物学告诉我们：男性区别于女性最根本的原因是男性的染色体为XY，而女性的为XX。一般把X染色体称作女性染色体，把Y染色体称作男性染色体。染色体的不同把男人和女人区别开来，这种天然差异又造成了两性的一系列身体的和社会的差异，这些差异是客观存在的、是神圣的，不可亵渎的。

美国著名男孩教育专家杜布森博士告诉我们：睾丸素、血清素和扁桃体等三种生物激素，决定了男性的气质为什么与女性生来就不同。其中，睾丸素是男性特征及其强弱的关键性生理原因。

一般说来，男生比较好动、好奇、好胜、好刺激、好挑战、好冒险，攻击性较强，较粗心和调皮，也比较勇敢和果断，而女生通常要平和、柔和、内敛、细心和安静一些。男人阳刚，女人阴柔，阴阳相济、互补，构成了人与人的和谐和社会的和谐。因而男人要有"男人性"，女人要有"女人性"，不可颠倒，也不宜中性化，这绝非是性别歧视。男人不像男人，女人不像女人，这是违背自然规律和人性规律的，也会给社会带来诸多问题。通常，男人不喜欢不像女人的女人，女人更不喜欢不像男人的男人。

出于种种原因，包括对"因性施教"的忽视，近些年教育中出现了不太正常的、有些过度的"阴盛阳衰"现象。一些研究表明：男生在学业成绩、体质健康、心理素质和领导能力等方面有全面落后于女生的趋势，前景堪忧，以致孙云晓等人在2010年推出了《拯救男孩》一书。孙云晓等人认为，男孩的发展已全线告急，男孩危机已到了令人震惊的程度。这种状况更加要求教育必须对"因性施教"予以必要的关注。

《拯救男孩》在列举了"阴盛阳衰"的一些"令人震惊的事实"后，对男孩的学业危机作了如下描述：

在大学，女生表现更为出色：奖学金，已是女生的天下；学习成绩，男生逊色不少；女生比例扶摇直上，女生潮席卷众高校。

高考状元，"阴盛阳衰"：高考状元，男生比例直线下降，女生比例直线上升。

在高中，男生优势渐衰：在学习成绩总分上，女生显著高于男生；成绩最好的女生多，成绩最差的男生多；女生优势科目是男生的两倍。

在初中、小学，男生已开始掉队：男生学习成绩差于女生；男生比女生更不受欢迎；男生比女生更不喜欢学校。

虽然"因性施教"是一个复杂甚至有些敏感的话题，因为这可能牵涉教育公平、男女平等方面的问题，在具体实施和操作上也有着诸多矛盾和冲突，但这个问题是客观存在的，必须面对，必须思考和行动。其实，"因性施教"的根本目的不外是让男生和女生都得到更好的发展，并使男生更具"男人性"，女生更具"女人性"。

最后再就教育人性化的问题表达几个观点：

第一，教育人性化只是教育的基本依据之一，对其在教育中的影响和作用不可夸大，制约教育的人的因素和社会的因素很多，并且这些因素是错综复杂地交织在一起的。

第二，对教育人性化之"化"的理解要适度、适当，"化"的基本含义是指教育的"合人性"，而不是说教育彻头彻尾地只能与人性相合。另外，"化"还意味着一种动态和过程。

第三，教育的人性化与教育的社会化总是有矛盾和冲突的，这很正常，也是必然的，因为它们的价值立场和出发点是不同的，各有其合理性和局限性，因而需要尽可能兼顾，但教育的人性立场必须坚守。

第四，教育人性化的实施更需要教育者的教育智慧，而不能过于关注一招一式的实践操作，因为教育人性化的实践非常复杂、多变和不确定，没有普遍有效的方式、方法。

第三讲

教育何以能关涉人的幸福

洛克在他的名著《人类理解论》中写道:"一切含灵之物,本性都有追求幸福的趋向。"①人生以幸福为目的似乎是不言而喻的。近些年来,随着我国经济、社会的发展和物质生活水平的显著提高,相伴而生的矛盾、冲突、失衡、焦虑、紧张、苦闷、不幸之感受日益累积、加重。由此,越来越多的人开始关心"我为什么活着""我幸福吗""何谓幸福""怎样才能幸福"这类话题。幸福问题也引起了政府部门和相关学术界的高度关注,"国民幸福感""幸福指数""幸福城市"等概念颇为时髦。

教育是培养人的活动,其出发点和归宿都是直接指向人

---

① [英] 洛克. 人类理解论(上册)[M]. 关文运, 译. 北京: 商务印书馆, 1959: 236.

的，而人又是以追求幸福为目的的，因之教育理应为人的幸福生活承担部分责任，为人的幸福生活奠基。不仅如此，教育生活本身也应该是幸福的，只有幸福的教育才有利于人的幸福成长，并在此过程中养成过幸福生活的能力。教育与幸福的关系已成为近些年我国教育理论界备受关注的新课题，这是教育以人为本理念的进一步凸显，标志着教育研究对教育人性化有了更深层的关注。

那么，教育为什么要关注人的幸福？教育何以能关涉人的幸福？教育为何能对人的幸福有所作为？怎样的教育才有利于培养幸福的人？诸如此类的问题，都是教育理论需要予以回应的，也是教育实践所要面对的。

人的幸福是教育指向的终极价值

从某种意义上，我们可以认为，幸福是教育指向的终极价值。这并不是要以追求幸福来取代教育目的，而是说，教育所做的一切，都应是指向人的幸福的，都应是有利于人的幸福的。就教育而言，没有什么价值比增进人的幸福更具终极意义了。因为追求幸福是人的本性，是人的需要的本质，是人的一切活动的终极指向；同时，追求幸福也是社会进步和一切正义的社会活动的终极指向。教育是人的活动和为人的活动，那么，以人为本的教育就理应是以人的幸福为指向的。

(一)追求幸福是人的本性

何谓幸福?这从来都是一个见仁见智的问题。幸福是一个历史的范畴,不同时代有不同时代的主题;幸福是一个个体的范畴,不同的人有不同的需求;幸福是一个客观的范畴,不同条件下生成不同的幸福;幸福是一个主观的范畴,不同的主体有不同的感受。幸福是什么?这也许是世界上最难回答的问题之一了,幸福也是最具歧义、最不可能统一的概念之一。与"文化""人性"这类歧义丛生的概念有所不同,它们离大众毕竟尚有一定的距离,而"幸福"几乎与所有的人都密切相关,是一个日常概念,这就使幸福更是难以捉摸、难以言说、难以统一。难怪有西方学者讲,谁要想难倒一个伦理学家,最简单、最有效的办法就是问他"幸福是什么"。康德曾指出:"幸福的概念是如此模糊,以至虽然人人都在想得到它,但是,却谁也不能对自己所决意追求或选择的东西,说得清楚明白、条理一贯。"[1]美国教育哲学家内尔·诺丁斯认为,应该"对幸福的多元意义与表现保持开放的态度"[2]。何谓幸福?注定是人类要永远追问而又永远没有一致答案的一个问题。

尽管幸福在概念上难以把握,但它又是每一个人都可以真切感受得到的实际存在,正如一位西方哲学家所说,断定

---

[1] 周辅成. 西方伦理学名著选辑(下卷)[M]. 北京:商务印书馆,1987:366.
[2] [美]内尔·诺丁斯. 始于家庭:关怀与社会政策[M]. 侯晶晶,译. 北京:教育科学出版社,2006:186.

"我是幸福的"不会错,就如断定"我在想"或"我头疼"不会错一样。最一般地说,幸福可以被视为是对自身状况的满意感。幸福就是过一种相对富足、美善与合人性的生活,这种生活比较自由、自主、知足、惬意、宁静、平衡、和谐等等。

不管人们对幸福的理解有多么不同,但追求幸福却是人的共性。正常情况下,不可能会有人无缘无故地选择不幸和向往痛苦,因为这不符合人趋利避害、近乐远苦的本性。如果一个正常人不合常理地选择痛苦而放弃幸福,那他一定另有所图,比如把眼前的痛苦作为代价,以求得他所认为的更大的幸福或另一种幸福。

20世纪70年代,不丹的第四代国王吉格梅·辛格·旺楚克第一次提出了"国民幸福总值"(GNH)的概念,以替代许多国家单纯追求国民生产总值(GNP)的发展理念。"国民幸福总值"的概念由当时物质生活并不丰富的不丹人首次提出来,意味深长。"二战"以后,大多数国家都在专心致力于发展经济和改善物质生活条件,这种热情在有些国家甚至达到了疯狂和肆无忌惮的程度,以为物质生活丰裕了,人们自然也就幸福了。而不丹的发展理念却不同,它将国民幸福作为衡量国家发展政策是否合理的根本标准。旺楚克考虑到:"政策应关注幸福,并应以实现幸福为目标。""我们必须知道,推动新世纪前进的这些剧烈变革(信息技术的发展,生物多样化与文化发展的多样性的萎缩,急速发展的社会与经济自动化)将对未来的幸福产生怎样的影响。""全球资本主义和竞争激烈的国际贸易是否会让人们更加不快乐，是否会增加人生的不确定性"。他认为，人生和社会"基本的问题是如何在物质生活（包括科学技术的种种好处）和精神生活之间保持平衡"。不丹在制定各项发展政策时所担忧的是"在实现现代化的同时，是否会失去精神生活、平和的心态和国民的幸福"[①]。

如果说"国民生产总值"体现的是以物为本的话，"国民幸福总值"体现的则是以人为本。现今，"国民幸福总值"和"国民幸福指数"已成为全球通用的概念，成为许多国家社会发展越来越重要的目标，单纯追求国民生产总值的发展理念正逐渐过时。

（二）追求幸福是教育的应有之义

幸福对人的终极价值注定了教育必然与幸福相关涉，教育不仅要面对如何促进人的幸福的问题，还要面对如何促使其自身幸福的问题。

幸福是人和社会一切活动的价值指向，教育作为人和社会一种极其重要的活动，当然要以促进人的幸福为其终极价值。教育的独特性还在于，它的质的规定性是培养人，是以促进人的发展、改善人的生存状态为直接和首要目的的活动，因而更需以人的幸福为其价值指向。古今中外的教育目的，尽管具体表述形形色色，但归根到底都自认为是有助于增进人的幸福的。人的全面发展也罢，和谐发展也罢，自由发展也罢，都是指向人的幸福生活的。特别是站在受教育

[①] 秦朔. 从国内生产总值到国民幸福总值[J]. 南风窗，2004（5）.

者的立场上看,他们受教育的目的就是为了过上他们所认为的更幸福的生活。如果不能增进人的幸福甚至给人带来更多痛苦,那教育就异化了,就失去了它本来的意义和存在的价值。如果教育给人带来的未来生活主要是痛苦和不幸,如果受教育本身更多的是精神受折磨、身体遭摧残,那人们就会逃避教育甚至反教育。人不是为教育而教育,也不是为发展而发展,人受教育是为了更好地发展,更好地发展是为了更好地生活。因此教育的一切所作所为,都需统摄于幸福这一终极价值之下,这是教育价值的核心,是教育所需秉持的信仰。尽管现实中的教育面对着诸多极其复杂的矛盾和冲突,在如何增进人的幸福问题上也远不是理论上所说得那么简单和浪漫,但无论在什么情况下,真正的教育,都应坚守人的幸福这一指向。

诺丁斯说:"人们经常想过得幸福。在这种愿望变得几乎普遍化时,我们会期望将幸福作为教育的目的。"[①] 苏联教育家乌申斯基认为:"教育的主要目的在于使学生获得幸福,不能为任何不相干的利益而牺牲这种幸福,这一点当然是毋庸置疑的。"[②] 英国教育哲学家约翰·怀特认为:"教育应该增进受教育者的幸福,这种观念可能比那种认为教育应该以追求知识本身为目的的观点更有市场。"[③] 在苏霍姆林斯基看来,

---

① [美]内尔·诺丁斯. 幸福与教育[M]. 龙宝新,译. 北京:教育科学出版社,2009:68.
② 郑文樾. 乌申斯基教育文选[M]. 张佩珍,冯天向,郑文樾,译. 北京:人民教育出版社,1991:213.
③ [英]约翰·怀特. 再论教育目的[M]. 李永宏,等译. 北京:教育科学出版社,1997:27.

"学校的任务不仅仅在于授给学生从事劳动及合乎要求的社会活动所必备的知识,而且也在于给每个人以个人精神生活的幸福"[①]。由此看来,对幸福的指向,既是教育的应然价值,也是教育的实然追求。历史上,无论持什么教育理念的教育思想家,几乎都自认为所主张的教育是有助于增进人的幸福的。

也许会有人认为,将幸福,尤其是精神幸福作为教育的终极价值虽然其意图是美好的,但不免有些远离实际,过于理想、浪漫和矫情。因为人总是生活在现实中的,而现实总是充满着利益冲突和严酷竞争,功名利禄、衣食住行、升学就业等等,都是人们必须面对的具体事务,比不确定的未来幸福更为当下,更为实在,况且,有了这些更实在的利益,幸福也就在眼前了。这种认识虽然不无道理,教育也必须尊重受教育者的现实利益诉求,并将其作为教育增进人的幸福的一个不可忽视的方面,但并不能以此为理由而否定教育的幸福指向。否则,教育将会变得过于市侩和俗气。

理想与现实永远是有距离和冲突的,过于生活在理想中和过于生活在现实中,都会给人带来不便,要么使人难以生存,要么使人像动物似地活着。所以,人总是生活在现实与理想的张力中。作为教育,要尽可能为受教育者今后的物质生活和现实利益承担应尽之责,帮助他们通过自我发展在现实生活中求得个人利益的最大化,但教育又不能停留于和屈

---

① [苏] 苏霍姆林斯基. 帕夫雷什中学 [M]. 赵玮,等译. 北京:教育科学出版社,1983:9.

从于受教育者片面、狭隘和短视的功利主义诉求。缺乏精神理想的市侩和低俗的教育，过分追逐功名利禄的教育，最终也未必真正有利于受教育者的现实利益，即便得到了功名利禄，也不能从中感受到真正的幸福。由此看来，教育既要立足现实，又要坚守理想，甚至不妨有点"乌托邦"。"任何旨在改变人类命运的基本条件的事业在某种程度上都必然地包含着乌托邦的因素。"[①]"乌托邦"是教育必需的一种精神气质，敢于坚守现实中多数人不屑一顾的理想。歌德曾说："生活在理想世界，也就是要把不可能的东西当着仿佛可能的东西那样来对待。"[②] 真正的教育，需要内含一种理想和浪漫的气度，需要一种清高和傲气，这样的教育才会有激情，才可能真正把学生作为人来培养。没有理想和浪漫气质的教育，不是完整意义上的教育。

尽管教育并不必然能给人带来幸福，也不能保证能给受教育者带来所期待的幸福，因为这要受教育内外诸多不可控因素的影响和制约，但追求幸福，尤其是追求精神幸福是真正的教育所必须坚持的。当今中国，教育一定程度上已偏离了这一价值，存在着诸多背离幸福的怪象，过于狭隘、功利、俗气，尽管其中有许多无奈和无助，但这并不能成为教育放弃理想价值的借口。

---

① Edgar Faure, et al, Learning to Be: *The World of Education Today and Tomorrow*. Paris: Unesco, 1972, p.163.
② [德] 恩斯特·卡西尔. 人论 [M]. 甘阳，译. 上海：上海译文出版社，2004：84.

教育与人的幸福具有内在关联

幸福是人的一切主客观状态综合作用的产物。教育作为专门促进人的发展的活动，对人的幸福无疑有着不可代替的作用，这种影响往往是比较直接的、深度的、持续的和根本性的。幸福既是客观的又是主观的。幸福的客观性在于，人的幸福的获得与感受有其起码的客观基础和外在条件，不可能凭空而生，这些客观基础或外在条件主要包括基本的物质条件和诸如与政治、经济、文化等相关的社会生活条件，概括起来，即物质生活条件和精神生活条件两大方面。幸福的主观性在于，无论与人的幸福相关的客观基础和外在条件是怎样的，这些因素都不会直接地、自动地转换为人的幸福，都必须通过作为主体的人的思想的、精神的、文化（如价值观念、思维方式、生活态度、生命意识、风俗习惯、审美情趣等等）的转化，才能切实成为人的一种幸福感受。因此，幸福归根到底还是主观的，客观条件只是前提。幸福甚至有可能在一个人的主观世界中自我生成，不需要直接的外在条件，成为一种自我体验和自我感受，比如具有虔诚宗教信仰的人往往能自我生成幸福感。正因为幸福在根本上是人的主观感受，所以面对大致相同的客观基础和外在条件，人们是否能感受到幸福、能感受到多少幸福、能感受到什么样的幸福，不同个体之间是有很大差异的；即便生活在不同客观条件下的不同人，生活条件好的人幸福感未必比生活条件不好的人更强。这是因为人在本质上是一种精神存在物,所以幸福在本质上是一种精神状态。既然幸福在根本上是主观的、精神的,那人的幸福就一定会与主要指向人的主观世界和精神世界的教育有着深度的关联,教育就一定会对人的幸福产生重大影响。

(一)幸福在本质上是一种主观精神状态

影响人的幸福的因素极其复杂多样,概括起来不外乎两个方面:外在的客观因素和内在的主观因素。总体上讲,幸福是主观对客观的感受,本质上是一种主观现象。

一般说来,外在客观条件越符合、越能满足人所指向的需要,如物质的需要、精神的需要、健康的需要、交往的需要、爱的需要、自由的需要、好奇的需要、创造的需要等,人就越易于产生幸福感。然而,幸福的获得虽然往往需以相关的外在客观条件为基础,但更取决于人自身对幸福的认知力和对幸福的感受力。罗素曾说过:"种种不幸的根源,部分在于社会制度,部分在于个人的心理",不幸"很大程度上是由对世界的错误看法、错误伦理观、错误的生活习惯所引起,结果导致了对那些可能获得的事物的天然热情和追求欲的丧失"。[①] 狄慈根对幸福的主观性有过精辟的论述:"现实的幸福是形形色色的;真实的幸福只是主观的选择,在某甲认为是真实的幸福,在某乙看来可能是非真实的。""在各

---

① 王雨,陈基发. 走向幸福——罗素精品集[M]. 北京:中国社会出版社,1997:34-35.

种不同的人们中,在各种不同的时代中,实际上存在着许多极其相反的、但都被认为是致福的事物。在这里是幸福的东西,在那里却是灾难,反之亦然。"① 弗洛姆也认为:"幸福和生命力、情感强度、思想及生产性的提高相关联;不幸则与这些能力和功能的衰退相关联。"② 哲学家们几乎都认为,幸福在本质上是一种精神性的体验,是人的主观感受,最终取决于人自身对现实生活的价值态度。约翰·格雷便认为:"幸福在于接受愉快的感觉,幸福的大小是由我们的天性所能接受的感觉的强度和数量决定的。"③ 幸福的体验者最终是作为个体的人,一个人幸福与否、幸福大小归根到底是他自己的感受,只有他自己才能作最后的判断和选择。当然,这并不是说幸福可以是纯粹主观和任意的,是可以脱离外在客观条件,无中生有的,但幸福在本质上的确是一种主观状态。外在条件尽管重要,但还需经由人的精神活动,经受心灵的审视,才能得以确证。

假如幸福在根本上是由人所处的外在条件特别是物质条件决定的,那么幸福与不幸对很多人来讲就是难以改变甚至不可改变的宿命了。尽管人可以通过主观努力在一定程度上改善自己的客观生活条件或选择自己的社会生活环境,但这

---

① [德] 狄慈根. 狄慈根哲学著作选集 [M]. 杨东莼,译. 北京:生活·读书·新知三联书店,1978:94-95.
② [美] 弗洛姆. 弗洛姆文集 [M]. 冯川,等译. 北京:改革出版社,1997:207.
③ [美] 约翰·格雷. 人类幸福论 [M]. 张草纫,译. 北京:商务印书馆,1963:7.

并非易事，不是多数人能够做到的。再则，人们无论怎么努力改变自己的生活条件和生活环境，毕竟大多数人的境况都属一般，处于不利境况的人也不少，那难道幸福就只能属于生活条件优裕的少数人吗？如果幸福感完全是随客观条件的改善而同步增进的，那我们一定比改革开放前的人幸福上百倍，今人一定比古人幸福上千倍，这怎么可能呢？

虽然对发达国家的诸多研究表明，经济收入与个人主观幸福感之间的确是呈正相关的，但相关性也远不如许多人所想象的那么高。

不同收入水平的国家之间，国民幸福感与经济收入的关系也不一定是对应的。根据联合国发展计划署2005年发表的全球人类发展报告，人均国民生产总值只有800多美元的不丹在192个国家中位居134位，而2006年英国莱斯特大学公布的一份调查报告称，不丹在"全球快乐排行榜"中，紧随人民生活以高福利、高收入、高税收、高消费为特征的瑞士及北欧诸国之后，名列第8位。134与8，两相对比，反差显而易见。① 新加坡1998年的收入水平是印度的82.4倍之多，即使不考虑汇率变化，其购买力也是印度的16.4倍，但两国人民的快乐水平却旗鼓相当，且都高出日本一大截。② 究其原因，这与新加坡人过分期望出人头地的心态、不断膨胀的欲望、巨大的竞争压力和快速的生活节奏有密切关系。至于日本为何经济发展水平与国民幸福感会形成强烈反

---

① 岳麓士. 在不丹感受幸福［J］. 读者，2007（18）.
②［澳］黄有光. 东亚不快乐［J］. 南风窗，2004（10）.

差，这与日本人焦躁的心态且不善释放和宣泄的性格有直接关系。2012年1月10日日本警察厅公布的2011年"自杀报告"显示，当年日本自杀者总数为30513人，自1999年后连续14年自杀率雄冠全球。① 目前最具世界性影响的华裔经济学家黄有光指出：根据研究，有信仰的人比没有信仰的人通常更快乐，无论是宗教信仰还是政治信仰。佛教、印度教和道教都认同知足常乐的生活态度，儒家文化也有相通的地方，但更功利一些。在东亚，佛教和道教的影响已日渐衰微，与之相比，宗教信仰在印度却深入人心。这也可以部分解释，为什么印度的收入远低于东亚其他国家和地区，而快乐程度却相对较高。黄有光回忆道：他少年时在马来西亚参加过共产党领导的左派学生运动，冒着被开除和逮捕的危险，可是由于觉得所做的事情是为了国家和人民，就感到很快乐。他认为，一个人有社会责任感，就会快乐一些，那些喜欢帮助他人的人，也会快乐一些。越看重金钱越不快乐。另外，人际关系也很重要，像朋友、家庭的关系等。②

诺丁斯指出："钱和幸福并非是密切关联的。虽然在穷困中很难幸福，但是一旦跨过了这个门槛，更多的钱并不总会带来幸福成比例地增长。"③ 国内外许多相关研究都比较一

---

① 蒋丰.日华报：日本自杀率为何再次"雄冠全球"？[EB/OL].[2012-01-20] http://news.ifeng.com/opinion/gundong/detail_2012_01/20/12102049_0 shtml.
② [澳] 黄有光. 寻找增长与快乐的最佳配置——专访黄有光教授 [J]. 南风窗，2004（10）.
③ [美] 内尔·诺丁斯. 幸福与教育 [M]. 龙宝新，译. 北京：教育科学出版社，2009：198.

致地表明，在同一个国家内，中等偏上收入的人群幸福感最强。英国的一项关于"什么人最幸福"的调查显示：穷人不幸福，非常有钱的人也不幸福，最幸福的是那些中产阶级。①

理论和经验都表明，一些非经济因素与幸福感往往有着更为明显的相关性，比如婚姻状况、宗教信仰和精神追求对个人幸福感的影响就更为深入、持久，并具有内生性。当基本的外在需要得到较好满足之后，如果个人的进一步奋斗不是主要出于精神性满足和个人价值的实现，不是主要出于对事业的兴趣和热爱，不是主要出于对德性和美善的追求，而仍然是主要出于对不断膨胀的外在欲望的满足，那额外的财富再难增加多少幸福感，甚至可能逐渐走向幸福的反面。

幸福既是客观的，又是主观的，是在主客体关系中生成的，是一种客观性的主观存在，其本质是主观的。幸福之所以有些捉摸不定，就在于它最终是一种主观体验，会随着外在客观条件的改变而变化，更会依个体独特的精神世界呈现出巨大差异，所以幸福才显得那么变化多端、扑朔迷离、见仁见智。幸福的获得虽然通常有相应的客观来源，但更取决于人自己主观方面的"幸福能力"。一个没有幸福能力的人，即便幸福就在眼前，他也浑然不知，即便他已身处幸福之中，也不感到幸福。所谓幸福能力，主要是指人对幸福的认知能力、感受能力、发现能力、捕捉能力、比较能力、选择能力、生成能力等等，此外，还包括这些能力背后追求幸福的意识和愿望。幸福能力是人幸福与否的关键。为什么不少

---

① 陈熙涵，等. 作家与科学家的一场对话［N］. 文汇报，2004-9-17.

富人并不感到幸福或并不像他人认为的那么幸福,而一些穷人却自认为幸福或比他人所想象的更幸福?为什么在相同境况下或面对同样的遭遇时,有的人感受到的是幸福,而有的人感受到的是痛苦?为什么有的人感受到的幸福较多,而有的人感受到的幸福较少?为什么当今社会经济收入在不断增长而人们的幸福感却没有相应地增进甚至感到还不如过去幸福?这就是因为幸福在本质上是外在对象符合人的内在尺度的状态,幸福是人们依据自己对生活意义的理解去权衡和选择的结果。幸福之所以在本质上是主观的,还可以从两个方面来进一步说明。

第一,幸福感往往需要在比较中体验和生成。幸福感具有很大的相对性,并不单纯取决于个体的消费水平或需要的满足程度。心理学的社会比较理论认为,人们对自己所拥有的东西的评价往往不是孤立的,对幸福的感受往往是一个与他人尤其是与自己有某种关系的人相比较的过程,而如何比较至关重要。人世间,许多人都在相互攀比着、嫉妒着,也痛苦着。在喜欢攀比的人眼里,幸福似乎总围绕在别人身边,烦恼总在纠缠自己。就像卞之琳《断章》中所写的那样,我们常常看到的风景是:一个人总在仰望和羡慕着别人的幸福,一回头,却发现自己正被别人仰望和羡慕着。其实,每个人都是幸福的,只是你的幸福常常在别人眼里。[①]

第二,人的内在适应性与人的幸福感有密切关系。人的需要是没有限度的,这就可能使人陷入需要满足 -适应—扩

---

① 马德. 站在烦恼里仰望幸福 [J]. 中国青年, 2008 (14).

张—再满足—再适应—再扩张的循环之中，无休无止。在这种循环中，幸福感虽然也会有，但可能都因适应而比较短暂，甚至不快的感受可能还会多于快乐和幸福。因为在这种循环中，既要承受欲望扩张而未得到满足时的不安和焦虑，又要为追求更高欲望的满足去付出相应的代价。

（二）教育在本质上是指向人的精神的活动

人在本质上是一种精神性的存在，而幸福在本质上又是一种人的主观状态，这就是教育之所以能深度切入人的幸福的根本依据。如果幸福在本质上是客观的，幸福与否以及幸福的大小多少在根本上取决于个人的功名利禄、衣食住行等外在条件，那么教育与幸福的内在关联就比较有限了。如此，教育对人的幸福的影响就只能局限于把人训练成谋取功名利禄的"人力"，因为只要有了高的社会地位和经济收入就有了幸福，不需要有什么精神世界。这样，教育就成了一项只训练"人力"而不培养"人"的事业。幸福之所以在本质上不是客观的，就在于精神性是人之为人的根本特征，人就是以其独特的精神属性使自己从动物中超脱出来，成为万物之灵的；就人与人而言，不同个体也是以其精神特质来表征人性强弱的。雅斯贝尔斯说："人是精神，人之作为人的状况乃是一种精神状况。"① 人对精神生活的渴求和对精神世界的向往是人成其为人与成为什么样的人的根本依据，也是

---

① [德]雅斯贝尔斯. 时代的精神状况[M]. 王德峰，译. 上海：上海译文出版社，1997：3.

人的幸福区别于动物的快感的根本所在。教育对幸福的意义就在于它能促使人从"自然存在"走向"精神存在",能改变人的精神世界,能"不断地将新的一代带入人类优秀文化精神之中,让他们在完整的精神之中生活、工作和交往"[①]。面对相对确定的外在客观条件,让人感受到、体验到更多的幸福,是教育的应有之为,也是教育所能为之的。教育对人的幸福的根本性作用在于形成和改善人的主观精神世界,提高人的幸福能力。即便是从幸福的客观性的角度看,从"需要-满足"的功利主义幸福观来看,教育仍然与人的幸福有着直接或间接的重要关联,因为总体上说来,越是受过良好教育的人,就越是具有职业能力,因而也就越能获得满足自身各种需要的客观资源。

当然,并不是任何教育对人的幸福都有意义,只有以人的幸福为价值指向的教育、只有自身蕴含着幸福的教育、只有合人性的教育、只有与社会保持应有联系的教育,才能对学生的幸福生活有所作为。教育与幸福是一种耦合关系,幸福与教育相互需要、相互作用,幸福需要教育,教育也需要幸福。我们想象不出人除了主要运用自己的知识、能力、智慧、态度等精神性力量去提高生活品质、增进幸福体验之外,还能有什么其他更重要的途径。教育是增进人的幸福最有效的途径之一。正因为教育对幸福的获得与体验意义重大,幸福的概念才在教育领域获得了极大的认同。虽然人们

---

① [德] 雅斯贝尔斯. 什么是教育 [M]. 邹进, 译. 北京:生活·读书·新知三联书店, 1991: 44.

对幸福的理解各不相同，但这种认同都暗含着这样一个共识，即通常来说，受教育的人比不受教育的人更容易接近幸福，受良好教育多的人比受良好教育少的人更容易获得幸福。如果不是这样，那追求幸福就在教育中失去了逻辑上的依据和实践上的基础。教育对幸福之所以有积极意义，其主要原因就在于教育可以改善人的精神世界，拓展个体生活的空间和多样性，为受教育者开辟出更多的获得幸福的途径和养成他们更深厚的幸福能力。

教育对人的幸福能够有所作为

教育之所以能够对人的幸福有所作为，主要基于两个方面的依据：一是教育有助于改善人的生活条件；二是教育有助于提升人的幸福能力。

（一）教育有助于改善人的生活条件

教育要有助于学生的幸福生活，要为他们未来幸福生活创造条件，包括要使他们更多地感受到教育生活中的幸福，一个不可忽视的方面就是教育要能够有助于改善学生的未来生存状态，其中，物质生活条件最为基本。国外的一些相关研究也表明，受教育水平与幸福感之间呈正相关，而这其中，教育可以改善人们的物质生活条件是一个重要方面。

在我国，由于贫富差距的持续扩大、就业的困难、职业竞争的加剧以及物质需要的"水涨船高"等因素，生活压力日益增大。在这种状况下，人们自然很看重经济收入与幸福感的关系，甚至把收入水平视为影响幸福感的决定性因素。这种认识即使过于偏颇和世俗，却是客观存在的事实，对此，教育不能不予以理解和重视。至少在现阶段，特别是在低收入人群还较多的中国，多数人长期关注的重点仍然还会是经济收入的增加，多数年轻人在选择学校所学专业时，仍然会把就业和收入视为重要的因素。虽然随着经济收入的增加、精神文化的发展以及生活态度的变化，中国人对幸福的认知和理解已悄然发生了不少积极的变化，但仍不尽如人意，还需教育的引导。不过，同时也必须尊重人们对物质生活和现实利益的合理诉求。一种不关心受教育者未来生存状态的教育，一种忽视人合理感性欲望的教育，一种脱离现实生活、过于清高的教育，必然使教育对人的精神引领和对高层次幸福的追求失去客观基础，使教育的高尚变得空洞和生硬，使人们对教育敬而远之，滋生"读书无用"的思想。这样的教育，无论是从物质层面上讲还是从精神层面上讲，都远离了幸福。真正关心人的幸福的教育虽然不赞成那种低俗的功利主义幸福观，但同样也反对那种"君子食无求饱，居无求安"和"存天理，灭人欲"式的寡欲主义的病态幸福观。

教育要为学生未来幸福生活奠基，其基本要务之一就是尽可能帮助学生获得未来生存和发展所需的外在条件和相关能力。如果教育不能比较有效地帮助学生改变命运，如果受教育与不受教育在无可厚非的功名利禄、衣食住行方面没有什么区别，甚至"倒挂"，那"读书无用论"就必定成为现实。理想的教育如果不与普通人的诉求适当拉近距离，再理想的教育对他们来说也没有什么意义，甚至会遭到拒绝。在诺丁斯看来，"找到合适的职业肯定是迈向幸福的一个关键"①。杜威曾谈道："职业是唯一能够将个人的不同能力和他的社会服务平衡起来的事情，发现适合去做什么并争取机会去做是幸福的关键。"②

在重视教育的外在功利价值方面，杜威的实用主义教育价值观仍然值得我们温习。杜威始终反对过度倾心于儿童内在精神发展的卢梭式的浪漫主义教育，对个人在现实社会中的谋生之道给予了足够的重视，并对一些貌似清高的冷嘲热讽进行了批驳。他指出："当我们用这样广泛而富有意义的方式来设想学校中的作业活动时，还经常听到各种反对论调，认为这种作业在学校中不应该占有地位，因为它们是唯物主义的，功利主义的，或者它们的倾向是卑贱的。这真使我惶惑不解。有时在我看来，持这种反对论调的人，简直是生活在另一世界！我们大部分人生活于其中的世界是这样的一个世界，其中每一个人都有一个任务和职业，都有一些事情要做。"③杜威一直主张教育应使儿童尽可能适应社会实际生活，

---

① [美]内尔·诺丁斯. 幸福与教育[M]. 龙宝新，译. 北京：教育科学出版社，2009：195.
② John Dewey, *Democracy and Education*. New York: The Macmillan Company, 1916, p.360.
③ [美]约翰·杜威. 学校与社会进步[M]//华东师范大学教育系，杭州大学教育系编译. 现代西方资产阶级教育思想流派论著选. 北京：人民教育出版社，1980：25.

应与儿童未来的职业生活相联系。进步主义教育强调学生的活动、兴趣、设计等，其主要目的就是为了促进学生对现实世界的理解，更有效地掌握与个人生存和生活有关的知识及能力。但也需指出的是，杜威虽然较为重视适应社会生活的职业性教育，却反对那种狭隘的、专门化的和工匠式的职业训练。首先，杜威认为没有必要设立专门的职业学校来实施职业教育，因为不应把文化教育与职业教育分割开来或对立起来；其次，杜威反对把职业教育理解为狭隘的实用教育或工艺教育，职业训练是使教育更有效地成为学生进入社会生活之前的一种见习工作，其重点是参与各项社会活动，而不是接受某些专门的职业训练；第三，杜威认为学校不要过早地给学生职业定向，决不要预先就为学生决定将来从事某种职业，也不应只给学生一种职业训练，而应看到学生将来从事多种职业的可能性。[①]可见，关注学生未来职业生活的教育，也未必就一定是狭隘的、低俗的、短视的和有碍人的内在发展的。

（二）教育有助于提升人的幸福能力

尽管教育必须关注和尊重人在物质利益方面的现实需要，但又不能过度热衷于此，更不能仅停留于此。在现实生活中，物欲对人的支配性是很直接也很强烈的，它往往容易抑制和掩盖精神性欲望的生长，特别是在未来生活还充满不

[①] 扈中平，刘朝晖. 挑战与应答——20世纪的教育目的观 [M]. 济南：山东教育出版社，1995：95-96.

确定性的学生时期，更加会感到只有功名利禄等切身利益才是最实在、最可靠的。这种心理，在东亚各国具有久远的文化传统。对此，教育不能完全顺应和投其所好，必须坚持其精神指向，否则，教育虽然可能满足了受教育者最为急切的欲求，但却不利于他们获得真正的、长远的幸福生活。过分世俗和功利的教育即便是成功的，即便帮助受教育者今后获得了丰裕的物质生活和享受精神生活的客观条件，但那时他们也可能不大会过、能过幸福生活了，甚至不知道什么是真正的幸福生活了，因为他们的幸福能力在其形成的关键期没有得到应有的培育。

幸福在本质上无疑是精神性的而不是物质性的，归根到底是人的一种精神状态和主观感受。即便是感性欲望的满足，也不能完全停留于动物式的肉体和感官上的快感，而需尽可能投射到人的精神层面，这样才会产生更具人性和文化性的幸福感，否则就可能只是一时的、肤浅的表层快感和接踵而来的适应与麻木。幸福感的提升当然离不开民生的改善，但民生的改善并不意味着人们幸福感的必然提升，有时反而可能会导致幸福感的下降，这种现象被一些学者称为"幸福悖论"。其实，所谓"幸福悖论"并非是一种必然，民生的改善既不必然导致幸福感的提升，也不必然导致幸福感的下降，所以，这种悖论实际上是一种心理现象和人们的主观感觉。因此，没有良好的心态和精神，人无论生活在什么状态下都难以感到真正的幸福，甚至还可能随着生活水平的提高内心越不平衡，牢骚和不满越多。这尽管也有其正常的一面，因为生活好了，人们的要求和评价标准也会更高，但这种心态也正是许多人幸福感难以随生活水平的提高而提升的一个重要原因。造成"幸福悖论"的另一个重要原因，就是人们太过于关注物质生活对幸福感的意义，对此期望过高，因而这种悖论在很大程度上就是人们对幸福的不当认知造成的。人要获得真正的、持久的、高层次的幸福生活，就必须提升对精神生活的渴求和对精神世界的向往。人正是在追求精神世界的过程中不断地使生活、生命和自我具有了价值与意义，具有了超越性和崇高性，也具有了幸福和快乐。

因此，教育要对受教育者的幸福生活有所作为，从更高的层面上讲，就必须在更为根本的意义上去关注学生的精神世界。幸福意味着人生目标的某种实现，而人生目标又可分为内源性目标和外源性目标，前者着眼于精神生活的愉悦，后者着眼于感性欲望的满足，二者的良性互动是理想的状态。美国心理学家莱能与德希的系列研究表明，源于自我价值、个人成长、心灵自由、德性仁爱、他人赞美、社会交往、自主自律等内在需要的目标是生成幸福感最为可靠的基础，而源于金钱、社会地位、虚荣心、炫耀性消费、生理吸引等外在需要的目标是工具性的，难以产生深度和持久的幸福体验。[①]因此，人如果要获得更为深层和持久的幸福感，就必须开辟和拓展精神幸福的领地，精神上的快乐要比感官上的快乐更持久、更深邃、更具生长性和弥散性。物质生活的基本满足虽然是个人幸福感产生的前提之一，但在现实生

---

① 苗元江，余嘉元. 幸福感：生活质量研究的新视角[J]. 新视野，2003（4）.

活中屡见不鲜的是，人们面对大体相似的物质生活条件，幸福感却大相径庭。面对相对确定的客观条件和生活状态，要从中感受到更多的幸福，在根本上还取决于人的幸福能力。

从精神幸福的意义上讲，幸福也是一种能力。一个人幸福与否，幸福的内涵和程度如何，在很大程度上取决于在他的精神世界中是否具备获取、发现、捕捉、生成、创造、体验幸福的能力，幸福能力愈强、愈全面，相同生活状态下幸福感愈强，甚至在不利境况下也能获得某种意义上的幸福感。

幸福能力是由人追求幸福的意识和发现、捕捉、选择、创造、品味幸福的敏锐性、感受性、智慧以及导引幸福价值走向的幸福观所构成的一种综合素养，它意味着一种积极的生活态度、健康的心理品质、高超的生活艺术、深邃的人生智慧和美善的精神境界。从总体上讲，个人的幸福能力是可以通过良好的教育逐步习得和养成的，但这种能力通常难以通过简单的授受和传递直接获取，而更需要利用教育中的文化元素去潜移默化和感染熏陶。教育中所蕴含的知识、理性、智慧、能力、德性以及一切与真善美相关的要素，都与幸福有着这样那样的内在关联，都在某种意义和程度上有助于提高人的幸福能力。真正良好的教育总是趋向真善美的，而真善美一定是有助于人的幸福生活的，人文教育自不必说，因为人文教育的基本问题就是人的幸福问题，即便是科学教育，也内含着丰富的真善美意蕴，如尊重事实、维护平等、倡导和谐、追求完美等。

在日常生活中，并不是所有的人都会自觉地去追求幸福和有意识地去感受幸福,一些人浑浑噩噩、糊里糊涂地得过且过,一些人放弃了对生活意义的思考,在茫然、空虚、颓废、无聊中过一天算一天。而一个具有追求幸福的自觉意识的人和一个不具备追求幸福的自觉意识的人,其对生活的主观感受是大不一样的。有的人感到的多是生活中的不幸和不公,怨天尤人,消极颓丧;有的人感到的多是生活的赐予和美好,心怀感激,积极向上。其实,幸福与不幸、快乐与痛苦,有时是可以进行主观选择的,这在很大程度上取决于你内心深处是否有向往幸福的自觉意识和感受幸福的智慧,也与人的生活态度、思维方式、心理状态等直接相关。一个人应该平和地接受生活所给予的一切,包括好的和不好的、喜欢的和不喜欢的,人的生活际遇许多时候是无法选择的,但主观上怎样理解和看待这些际遇却往往是可以选择的。在现实中,每种生活或许都有着不同的或多重的意义和道理,因而生活的意义是可以选择的,甚至可以是主观赋予的。在有些场景下,仅仅换个角度看问题,幸福就可能变成不幸,不幸就可能变成幸福;换一种思维方式,或许就能在看似无所谓幸福不幸福的平淡无奇的生活中捕捉到幸福、体验到幸福。许多时候,客观情况并没有发生什么变化,或者生活条件看上去并不怎么有利于幸福,但由于有的人具有寻求幸福的愿望和智慧,他可能就会换一个角度或换一种思维方式去看待和感受同样的客观境况,就可能发现幸福。选择幸福在某种意义上也就是创造幸福,幸福有时是选择和创造的统一,是追求幸福的意识和获得幸福的智慧的统一。人首先要去追求幸福,然后才谈得上"能"追求幸福。

其实，许多幸福，特别是那些日常生活中不起眼的小幸福，可能随时随地就在我们身边，也可能随时随地稍纵即逝，关键要有发现和感受幸福的意识和思维，如此，就会习惯于多从积极方面看问题，苦中见乐，乐中更乐，甚至以苦为乐，面对同样的遭遇就会获得很不相同的主观感受，从而获得更多的幸福。为什么国内外都普遍存在着收入明显增加、幸福感却不升反降的现象？这与人们物质化和攀比性的思维方式有很大关系，正是它们降低了人们对幸福的洞察力和感受性。

此外，一个人的幸福能力还与在主观上如何把握期望值的度和如何进行成就比较有关。幸福感反映了个人的期望值与其成就之间的"缺口"或"比值"。在主观幸福感研究的"缺口－比值理论"中，"缺口"等于"期望值"与"成就"之间的差距，两者差距的大小直接影响着人的主观幸福感。研究表明，当成就超出期望值时，较易产生幸福感，超出得越多，幸福感就越强；反之，当期望值超出成就时，较易产生失落感，超出得越多，失落感越强。在主观幸福感的横向研究中，有时会观察到经济收入明显优于平均水平者，其幸福感却低于平均值的现象，其中一个重要原因就在于随着财富水平的提高，他们对财富又有了更高的期望值，使期望值与财富之间再次出现缺口，甚至更大的缺口，从而抵消和抑制了幸福感。所以，控制期望值的度也是必要的。适度的期望值应是大致符合个体自身主客观条件的，是自己力所能及的，并最好将其控制在相对较低的水平上，这样更有利于产生幸福感。从这个意义上说，节制即幸福。一个人想要获得幸福不外乎有两种途径：一是努力去获取自己所期望的成就；二是节制自己的期望值。这两种途径都是必要的，以哪种途径为主则要视主客观具体情况而言。由于并非所有努力都能如愿以偿，所以要想获得幸福就需要经常控制和调节自己的欲望。在现实生活中，充满着各种诱惑，比自己生活状态更好的人大有人在，如不对欲望有意识地加以适当节制，任其膨胀，一个人即使生活得在别人看来已经很幸福了，但他自己也不会感到有多幸福，甚至还可能感到不幸。许多人的不幸乃至毁灭，原因之一就是欲望的过度膨胀。对有些人而言，人心是深不可测的欲海，有了这样还想要那样；对有些人而言，人心是最容易满足的乖孩子，一句宽心的话，一张温暖的笑靥，一个会心的眼神，一声真诚的问候，一个善良的祝福……就是一根棒棒糖、一颗开心果，也能一直香甜到心底。[①]

心理学的社会比较理论认为，人们对自己拥有的利益的评价通常不是孤立的，而是自觉不自觉地要利用周围环境的提示。在这个意义上，人们寻求幸福的过程就是一个将自己的拥有与他人的拥有相比较的过程，而这种比较又与所选择的"参照物"有很大关系。一味选择向上比较往往会降低幸福感，而经常选择向下比较会有助于提高幸福感。比较是个人确立和认知自身状态时常常需要借助的一种方式，如何适当地进行个人成就比较，也是一种蕴含着智慧的幸福能力。许多研究发现，与更幸运的人比较会降

---

① 韩小蕙. 快乐的理由［J］. 读者，2001（22）.

低主观幸福感，与更不幸的人比较会提高主观幸福感。社会比较对许多领域的满意感的判断都具有较强的预测力。[1]美国心理学家柳博米尔斯基指出："研究表明，比较有其积极的一面。比较可以激励人们提高自己，为实现远大目标而努力奋斗。""但是，多数时候，观察别人做什么和有什么对自己是有害的。"她认为，一味攀比尤其有害，因为攀比易生嫉妒，"嫉妒是幸福的天敌。爱攀比的人往往内心是脆弱的、恐惧的、不安的"。她为研究攀比对幸福的影响专门做过多项实验，"都得到了相同的结果：一个人的幸福感越强，他就越不在意周围的人在做什么"[2]。

教育要提升人的幸福能力，幸福观的培养至关重要。所谓幸福观，即人们对何谓幸福以及如何获取幸福的根本性看法和态度。它是一个人的人生观、价值观在看待幸福问题上的集中体现，对幸福的内涵、方向和强度具有定性、导引和控制的作用。幸福观是幸福能力的核心，无论是追求幸福的意识还是获取幸福的智慧，在很大程度上都是由幸福观来统驭的。心理学研究表明，无论是不同人面对同样的刺激还是同一个人面对不同的刺激，是否产生幸福感、产生什么样的幸福感、产生多少幸福感，都与人们持什么样的幸福观有直接关系，都要经过幸福观的过滤和加工。

在社会生活中，幸福并非完全是个人的私事，幸福还须

---

[1] 郑雪，严标宾，邱林，张兴贵. 幸福心理学 [M]. 广州：暨南大学出版社，2004：89-90.
[2] [美] 索尼娅·柳博米尔斯基. 幸福多了40% [M]. 闻萃，译. 上海：华东师范大学出版社，2009：77-79.

接受德性、伦理、法律、规则等公共理性的审视。在五光十色的诱惑之下，人难免有短视、贪婪、易受鼓噪的弱点，如果过分沉溺于世俗生活，过分热衷于感官满足，过分陶醉于自我幸福，就极易沾染市侩和庸俗的幸福观，进而便可能在谋取幸福的方式上投机取巧、损人利己。因此，与人为善、乐于奉献、宽容大度、遵纪守法等等也是幸福能力的组成部分。人的幸福观在很大程度上是在社会环境和世俗文化的影响下自发形成的，是经验式的，而没有经过精神反省和理性审视的幸福观不一定是健康的和恰当的，一些认知甚至是有害的。健康幸福观的形成需要正确的知识观、价值观的引导，需要在有意义的生活中锤炼与养成。作为年轻一代的学生，他们在年龄、阅历、知识和态度等方面还不够成熟，因而在他们幸福观的形成过程中，教育的恰当引导和有价值的教育生活是必不可少的。

关于幸福的理解，历史上有各种基于不同价值取向的幸福观，诸如感性幸福观、理性幸福观、德性幸福观、神性幸福观，林林总总，不一而足。这里，不妨从另一个角度把幸福观区分为功利幸福观和整体幸福观两个层次。① 功利幸福观是一种以"需要－满足"为表征的幸福观，整体幸福观则是一种更加关注个人的完整、自由、德性以及自我实现和对自身状况满意的幸福观。

---

① 王卫华. 我们为什么幸福 [C] // 中国教育学会教育学分会教育基本理论专业委员会. 第十一届学术年会论文集·教育与幸福. 西安：陕西师范大学，2007：88-91.

功利幸福观有其存在的合理性,因为幸福的确不可避免地是与人的各种需要包括感官需要的满足联系在一起的。幸福作为一种主观感受,它的前提就是个人某种需要的满足,这些需要既包括生理的也包括心理的,既包括物质的也包括精神的,既包括低层次的也包括高层次的。从这个意义上讲,所有幸福,包括整体意义上的幸福都是与需要的满足相关联的。没有需要的产生和需要的满足,幸福就无从谈起。人的需要是无止境的:"已经得到满足的第一个需要本身、满足需要的活动和已经获得的为满足需要用的工具又引起新的需要。"①

尽管应该承认"需要-满足"式的功利幸福观,但又须认识到它的局限性。因为人的需要是多种多样的,是不断生成和扩张的,而人满足需要的能力以及满足需要的资源又总是相对有限的,因而总有一些需要得不到满足,那是否只要需要得不到满足就一定意味着产生痛苦呢?再者,生理或物欲的满足所带来的快乐往往是比较短暂的,即便是精神需要获得满足后,同样也可能产生其他精神上的饥渴。那人是不是只能无休止地生活在需要的产生与需要的满足的纠缠之中呢?人是不是在无欲无求的状态下就一定没有幸福可言呢?这不能一概而论。古人说"无欲则刚","刚"即因无所求而变得独立和自由,变得不依附、不屈从、不卑下、不谄媚,从这个意义上讲,也可以说"无欲则福"。当然,这里

---

① [德] 马克思,恩格斯. 德意志意识形态 [M] // 马克思,恩格斯. 马克思恩格斯选集(第 1 卷). 北京:人民出版社,1995:79.

的"无欲",是指无低俗之欲,其背后便是人的高雅之欲。在人的基本需要得到满足后,依靠信仰的力量和超然的精神修炼,无欲可以使人进入一种心静如水、灵魂安宁、淡定从容、悠然自得的美好境界,从而获得幸福的另一种体验。因此,人的幸福并不是只能建立在单一、线性的"需要-满足"的轮回上。物质需要的满足通常只能给人带来比较表层和短暂的快乐,精神需要的满足尽管具有一定的深度和持续性,但如果完全停留在"需要-满足"的功利层面,它给人带来的幸福感也是相当有限的。可见,"需要-满足"式的功利幸福观是有明显局限性的。

整体幸福观有两个最为重要的表征:一是自由,二是德性。

社会学家的研究发现,一般说来,一个国家越是自由,这个国家的人们就越是能够愉快地生活。这里所说的自由,外在的方面主要是指社会的政治、经济、文化方面的自由,内在的方面主要是指人的思想自由和心灵自由。在社会生活中,任何外在的自由都是要受到一定约束的,而思想和心灵的自由是可以自主的。向往自由是人的天性,是人性的根本特征。自由的人在内心深处追求无拘无束,不受强制,不受奴役,超越物质、金钱、权力及种种功名利禄的禁锢,不作茧自缚,不依附他人,能够自由地思想和创造,不阿谀、不逢迎、不媚态、不屈从、不算计,按照美善的方式和人格的尊严去生活,光明磊落,坦坦荡荡,自信、积极、乐观、豁达、进取、激情、阳光,人性得到充分的张扬。有了这样一些品质所构成的整体状态,何愁感受不到幸福?由此看来，内心自由可以被视为幸福的本质性特征。亚里士多德在《形而上学》一书中称为自己而不是为别人活的人是自由的，他把一切为自己而非他者去寻求的行动称为自由。亚里士多德在这里并非是在鼓吹那种我行我素、不顾他人和损人利己式的自我中心，而是在称颂那种不为种种外在利诱所屈尊的心灵自由。人的自由生活和自由发展对于现代人来讲显得更具超越意义。

在亚里士多德看来，"幸福就是一种合乎德性的灵魂的现实活动""幸福即是德性""合乎德性的现实活动，才是幸福的主导""合乎德性的行为，就是自身的快乐""最美好、最善良、最快乐也就是幸福。三者是不可分的"。亚里士多德所指的德性与人们今天所说的德性不完全相同，德性在今天通常是指英语中的"virtue"，译作美德，多指道德德性；亚里士多德的德性（aretee）一词内涵则要广阔得多，泛指优良性或优良品质。他所说的幸福即德性之实现，也就是人的优良性、优良品质的实现。他认为："德性分为两类：一类是理智的，一类是伦理的。"① 所谓"理智德性"，指智慧、理解、明智等，是思考和推理的德性，它的最高境界是思辨的智慧，因为在思辨自身之外别无追求的目的。所谓"伦理德性"，即道德品性，表现为理性、自制、勇敢、公正、大度、友爱等，它以道德为核心。亚里士多德认为，德性与幸福是相通的，有德性的人才是幸福的人。这与理性

---

① [古希腊]亚里士多德. 尼各马科伦理学[M]. 苗力田，译. 北京：中国人民大学出版社，2003：25、16、18、14、15.

主义幸福观提出的"善即幸福"的主张是一脉相承的,也与我国儒家的"仁者无忧"有共通之处。在儒家看来,只要经过道德修养和实践,成为道德上的圣人,就能获得至上的幸福和快乐。德性使人高尚,德性滋养着灵魂的健康,是人生通向幸福的必由之路,它能将人导入一种美善的生活。德性丧失,必然导致精神空虚、灵魂失落、邪念丛生,使人变得贪婪、放纵、懒惰、嫉妒、冷酷、刻薄、卑鄙、阴险、狡诈、自私、狭隘,这些品性会使人忧心忡忡,与真正的幸福是不相容的。

德性不是先天的禀赋,需要后天的教化、学习和践行。亚里士多德认为:"理智德性大多由教导而生成、培养起来的,所以需要经验和时间。伦理德性则是由风俗习惯沿袭而来,……没有一种伦理德性是自然生成的。"[①] 约翰·怀特在很大程度上把受过教育的人理解为亚里士多德所说的理智德性与伦理德性兼备的人,并将此作为教育的崇高目标。他指出:"受过教育的人从拓展的意义上考虑他的自身幸福,他把个人幸福推及他人,把幸福融入一种道德高尚的生活之中。这不同于把拥有知识作为受过教育的人之主要特征的观点,他把美德(virtue)放到中心位置。受过教育的人是这样一种人:他倾向于某些行为方式而不倾向于另一些行为方式;他具有诸如审慎、关心个人利益等一般性的品质(也包括派生出的诸如勇气与克制等品质),如果从更广泛的角度

---

① [古希腊] 亚里士多德. 尼各马科伦理学 [M]. 苗力田,译. 北京:中国人民大学出版社,2003:25.

来考察,还应该包括那些更具有道德意味的品德,如仁慈、公正、诚实、宽容、讲信用。这要求他是头脑清晰的,能够理清他面对的各种价值冲突,又是富有智慧的,能够对这些冲突进行思考和反省并从各个可能的相关因素的作用来解决这些冲突。"①

总之,整体幸福观将幸福作为一个整体来看待,也把人和人的生活作为一个整体来看待。它既不蔑视"需要 – 满足"的线性式、轮回式的功利幸福观,又在更高的层次上超越了这种幸福观,赋予了它自由、理智和伦理的整体内涵,而不是将幸福局限于一时一事的满足上。当然,要获得这种幸福观,需要很高的素养。

教育自身的幸福是可能的

约翰·怀特曾问道:"当教师们声称他们要让孩子们得到'幸福'时,他们指的是什么意思呢?他们指的是学生现在所得到的幸福,还是指成年后得到的幸福呢?"②怀特所问使我们想到:教育,尤其是对中国教育来讲,是否只能指向学生未来的幸福?为未来幸福生活作准备的当下教育生活是否注定只能是一个"苦"字?为了未来的幸福生活,学生是否

---

① [英]约翰·怀特. 再论教育目的 [M]. 李永宏,等译. 北京:教育科学出版社,1997:138.
② [英]约翰·怀特. 再论教育目的 [M]. 李永宏,等译. 北京:教育科学出版社,1997:28.

只能以牺牲当下教育生活的幸福为代价？未来幸福与当下幸福在教育生活中是否是难以两全的？当下幸福与未来幸福在教育生活中是否是一个两难选择？以学生未来幸福生活为指向的教育是否注定就不可能是幸福的？

（一）教育并非与当下幸福无涉

教育何以能与幸福相关涉？要回答这个问题，就不能不面对教育自身是否可能是幸福的这一问题。如果受教育本身在总体上就一定意味着是一种苦痛和煎熬，那么教育对人的幸福的关涉就势必大打折扣，因为为了学生未来的幸福，教育就只能牺牲他们当下教育生活中的幸福，意味着受教育者只能以当下痛苦的教育生活为代价去换取未来生活的幸福。在包括教师、学生、家长在内的许多人看来，上课、读书、思考、作业，尤其是考试，整个教育过程本身就注定是一件痛苦大大多于快乐的苦差事，如果要使教育生活成为一种快乐，那就会虚掷光阴，学无所获，最可怕的是会失去未来的幸福。的确，古今中外的许多教育都成了制造不幸的场所，让人身体受折磨，精神遭摧残，但这只是异化了的教育、背离了本义的教育，并不意味着教育在本质上就是与幸福无缘的。当然，任何现实生活都是幸福与不幸、快乐与痛苦交织而成的，不可能纯粹是幸福，也不可能完全是痛苦。在很多情况下，幸福与痛苦是相生相伴、相互转换、互为因果和互为参照的。某种意义上讲，没有幸福可能就没有痛苦，没有痛苦可能就没有幸福，幸福有时是相对痛苦而言，痛苦有时是相对幸福而言，有时甚至相对于大痛苦，小痛苦就是幸福。因此，说教育生活应该是、可能是幸福的，是就其性质和整体而言的，并非是说教育中就不能有苦痛、艰辛、烦恼、挫折和失败，就不需要付出令人不快的代价，这是任何教育都不可能做到的。甚至可以说，没有痛苦的教育不是完整的教育，而是不利于人的完整发展的教育。但是，教育生活自身应该是指向幸福的。

教育生活自身也可能成为一种幸福，成为人生幸福的一部分。其实，任何教育都或多或少地蕴含着幸福，同时也或多或少地制造着痛苦，没有纯粹幸福的教育，也没有纯粹痛苦的教育，但一种教育在过程上是否有意识地指向幸福、追求幸福，对人的现实成长乃至终身发展的影响是大不一样的。过多失去当下幸福的人，长期生活在不幸、不快、失落境遇中的人，就可能会逐渐对幸福麻木，失去对幸福的感受性和体悟力，从而变得消沉、灰暗、俗气、功利，变得不知道何谓幸福、如何幸福。

一般说来，将教育生活视为煎熬的人的幸福观都是比较低俗的和功利的。然而，当他们真正过上了用痛苦换来的所谓幸福时，如体面的身份、优厚的待遇，他们也多半只能感受到这些实利所带来的表层快感和虚荣。之所以会有这种可能性，就在于有些人在获得幸福之前由于缺少正确的引导和幸福的经历与体验而没有形成幸福生活所需的幸福能力，当幸福真的来到眼前时，他们却对幸福麻木了，不知道什么是真正的幸福了，或者只能停留于幸福的表面，或者不把幸福当幸福了。丧失了幸福能力的人，无论他们的现实境遇怎样，无论他们在别人看来是多么幸福，都难以真实地感受到幸福，甚至仍然认为自己生活在不幸中。如果是这样，他们先前的艰辛奋斗和为未来幸福所付出的代价，就在很大程度上变得不值得了。可见，教育生活是否幸福，教育过程是否快乐，其意义还不仅仅在于受教育者当下是否幸福，还在于当下幸福直接影响着他们未来幸福生活所需的幸福能力的形成和发展。

诺丁斯指出：学校必须"最好地为年轻人的幸福生活做好准备。但是，幸福最好不要被理解为一种寄希望于未来而获得的一种状态。当前的幸福与未来的幸福之间不是互不相容的，它甚至可能对未来幸福会产生重要作用。因而，教育工作者应该关注学生当下经验的质量"。"如果我们认同将幸福作为教育的目的的话，我们会既关心当前经验的质量，又关注这种经验对未来幸福可能产生的促进作用。"① 这一见解是非常深刻的。

幸福不仅仅是一种结果，更不仅仅是在遥远的未来，幸福同时也是一种过程，也在当下。著名心理学家海姆·吉诺特曾说过："幸福，是一个旅程，而非目的地。"② 赵汀阳也认为，幸福的一个关键点就在于幸福不能仅仅通过好的结果来定义，而还必须由美好的行动来定义，否则不可能有幸福。而这种美好的行动即为幸福实现的正确方式或步骤，它是达到幸福的必经之路。这种美好行动是自成目的性的，即它本

---

① [美] 内尔·诺丁斯. 幸福与教育 [M]. 龙宝新, 译. 北京：教育科学出版社, 2009: 237、247.
② 田枫. 幸福真的可以这么简单 [N]. 羊城晚报, 2011-2-26.

身可以产生幸福。对于教育,特别是对于未成年人阶段的教育来讲,应首先关注的是过程幸福和当下幸福。许多人生活中的一个重大不幸,就是误认为幸福只是某种结局或某种可以完成的目标,而且完成这一目标的过程往往是一种苦难,这种认识离间了生活中过程与结果的关系,从而使幸福远离生活本身,使幸福几乎成了与当下无缘的未来目标。在教育上,大多数中国人历来认定,读书就是吃苦,是为获取功名利禄必须付出的代价。"吃得苦中苦,方为人上人",成了中国人心中的一个死结。

中国人的生活态度传统上是重结果轻过程的,在教育上尤其如此,这是读书人过分看重功名的必然表现。在中国传统教育中,读书人最大的愿望是做官,就是出人头地,为了"黄金屋""颜如玉""千钟粟""车如簇"的功利目的,读书人心甘情愿地抛弃当下的幸福与快乐,以今天的苦换明天的甜,十年寒窗苦,只为金榜题名时,似乎读书就只能是一个"苦",似乎学习本身和学习过程注定是没有乐趣的,境界高一些的读书人也不过是以苦为乐。"书山有路勤为径,学海无涯苦作舟"的治学名联,"头悬梁、锥刺骨"的励志故事,"故天将降大任于斯人也,必先苦其心志,劳其筋骨,饿其体肤,空乏其身,行拂乱其所为,所以动心忍性,增益其所不能"的坚定信念,诸如此类,都是中国传统教育推崇的读书态度。由于中国传统社会的超稳态、大一统以及长期的集权专制、封闭守成,为了通过科举考试而达成功利目的,教育过程被异化为了一种单一、无趣、重复和强制性的灌输,"读死书、死读书""我注六经,六经注我"成了中国传统读书人的主要学习方式,教育过程本应蕴含的诸多幸福元素被集权和功利强制地抽取和销蚀了。集权和功利往往有着内在的关联,通常,集权社会更易流行功利文化,因为集权社会是一个等级社会,资源垂直集中,使得为官从政更具诱惑力。

在这一问题的认识上,今天的中国社会和教育仍然大致如此。许多教师和家长,都是在打着为了孩子幸福的名义剥夺着孩子的幸福,都是在以爱的名义剥夺着孩子的快乐。学校生活中各种有形无形的压力,严重损害着中小学生的身心健康。北京师范大学的一项调查发现,中国3.4亿未成年人中,有异常心理问题倾向的学生比例为16.4%,5%左右的孩子有严重的心理行为问题。另有调查表明,中国孩子的自杀率位居世界第一,上海竟有24.39%的中小学生曾有一闪而过的"结束自己生命"的想法。[1]当今的中国教育,辛苦、艰苦、痛苦确实过多,许多学生几乎是生活在"考试地狱"中。这从全国许多中学校园和教室里为激励考生做最后搏杀所打出的标语中,就可见一斑。

每年高考来临之际,各种"雷人"的励志标语都在网上蹿红,一些口号杀气腾腾、来势汹汹,大有誓死一搏、破釜沉舟、壮士一去不复返的大无畏精神,如:"只要学不死,就往死里学!""提高一分,干掉千人!""吃苦受累,视死如归!""宁可血流成河,也不落榜一个。""不赢高考非英雄,挥泪洒血誓成功。""我拼命,我怕谁。""有来路,没

---

[1] 瞿晟. 中国孩子何处减压[N]. 教育文摘周报,2011-4-20.

退路,有退路,是绝路。""通往清华北大的路是用卷子铺出来的。""我的眼睛里只有你,大学。""流血流汗不流泪,掉皮掉肉不掉队!""不拼不搏一生白活,不苦不累高三无味!""不像角马一样落后,要像野狗一样战斗!""厉兵秣马,拼一年春夏秋冬;破釜沉舟,搏一生无怨无悔!""十年寒窗志气长,一心苦待潜龙云腾日。三载二高情难忘,只愿笑在凤凰花开时。""破釜沉舟搏他个日出日落,背水一战拼他个无怨无悔。""寻清闲另觅他处,怕吃苦莫入此门。""熬一个春夏秋冬,享一生荣华富贵!""拼十载寒窗,赢一生荣光。""每一个不满意的现在,都有一个不努力的曾经。"[1]这些标语中,不少都充满着"鸡血",既是一种激励,也是一种宣泄,既是临考前紧张情绪的反映,也是当下教育生活的真实写照。

西方近现代史上大多数教育思想家都不赞成教育以牺牲儿童当下的幸福为代价去换取明天的幸福。卢梭就反对为未来的幸福牺牲当下幸福的"野蛮教育",认为"教育的目的应该是培养现实的享受"。斯宾塞倡导对人进行"充满生活"的教育以让人感受现实的幸福。杜威在批评教育过分关注未来目的而忽视当下过程时曾指出:"在教育上,……强调为遥远的将来作准备的教育观点,使教师和学生的工作都变成机械的、奴隶性的工作。"[2]

---

[1] 陈晓璇,郑婵惠. 高考雷人标语蹿红网络[N]. 羊城晚报,2013-6-7.
[2] [美]约翰·杜威. 民主主义与教育[M]. 王承绪,译. 北京:人民教育出版社,1990:117.

在权衡当下教育生活的幸福与未来社会生活的幸福的关系和取舍其轻重时,以下几点是需要思考的。

第一,"先苦后甜"在很大程度上只是一种预设和愿望,甚至是一种"赌博","先苦"即是下注,但"后甜"却不仅具有长远性而且具有不确定性,那么为了不确定的未来而过多地牺牲确定的现在是否值得?如果"赌输",岂不"苦"了一辈子?

第二,人的幸福应该在一生中有一个大致合理的分布,哪一个阶段也不要太委屈了自己。人生每一个阶段的幸福具有不同内涵,都是精彩纷呈、弥足珍贵、不可替代的,也各有其侧重,许多经历和感受是难以弥补和重现的,失去金色的童年和多彩的青春是在成人以后能够补偿和重新寻回的吗?童年和青春的幸福就不如成年后的幸福那么重要吗?它一定要作为获取今后幸福的成本和代价而付出吗?

第三,未成年期是形成事关终身幸福的幸福能力的关键期,如果错过这一关键期,就可能留下一生难以弥补的缺陷。即便今后事业成功,生活优裕,由于缺乏幸福能力,也难以享受幸福,或者只能将幸福局限在感性层面。这就像有的人过多地透支自己的身体去博取功名利禄一样,当有条件过幸福生活时,却食不甘味、夜不能眠了,这时,幸福也就不成其为幸福了。

第四,舍弃童年、透支身体、打压兴趣、牺牲个性、销蚀德性、扭曲性格的教育,恰恰可能不利于今后事业上的成功,因为这些所失会直接影响到今后个人职场上的表现,妨碍个人前途和功名利禄的获取。一些研究表明,在校学习成绩和考试分数对个人前途的影响是相当有限的,远不如人们想象的那么关键,而情感、兴趣、性格、德性等情商因素远比一般人想象的重要。自古以来流传的"性格决定命运"的格言,尽管有些偏激,但个中道理十分深刻。

第五,事业成功不等于人生成功,不等于人生幸福。在中国,人们衡量个人成功的标准通常只是局限于事业上的腾达,能获取功名利禄,能出人头地、光宗耀祖。虽然这些成就也是个人成功的重要表征,但并不是人生成功的全部,更不是人生的终极目的,而只是求取人生幸福的途径和手段罢了。如果事业上的成功不能给人带来真正的、切实的,尤其是精神上的幸福感受,那便没有多大意义了。

第六,受教育和学习是否注定是个"苦",这与怎样理解"苦"有很大关系。苦,可以是辛苦和艰苦,也可以是痛苦和煎熬,其性质是不同的。教育中当然有辛苦、艰苦,难免遭挫折、受打击,包括起五更、睡半夜,但是,辛苦和艰苦不等于痛苦。痛苦意味着被迫、折磨、摧残、扭曲、压抑,意味着失去自由、自主、权利、人格、尊严,意味着单调乏味、简单重复、死记硬背。辛苦与艰苦如果不是受外力强制的,如果是出于自愿和兴趣,出于热爱和追求,出于好奇和探索,那即便是"头悬梁、锥刺股"也不会是痛苦和煎熬;相反,如果是出于被迫,那即便是做比较轻松的事情,也会是一种痛苦、折磨和煎熬,比如周而复始、循环往复地简单背诵和枯燥练习,虽不复杂,但却是一种痛苦。这里援引两个事例来说明活动的性质对人的感受的影响。一个是歌德关于音乐的对话:1800年,当年轻的鲍迪辛说他愿意为音乐而"受苦"时,歌德冷淡地回答说:"艺术中没有受苦这种事。"① 显然,歌德与鲍迪辛对"苦"有着不同的理解。在歌德看来,从事自己热爱的事业,就没有"受苦"之说,如果感到是"受苦",那就不是真正的热爱。另一个事例是 1981 年杨振宁关于"苦"的一次谈话,他说:近来上海一家杂志著文介绍我的生平,文中有个小标题叫作"终日计算,沉思苦想"。这没征求我的意见,我不同意,尤其不同意这个"苦"字。什么叫"苦"? 自己不愿意做,又因为外界压力非做不行,这才叫苦。做物理学的研究没有苦。物理学是非常引人入胜的,它对你的吸引力是不可抗拒的。显然,杨振宁在这里是把"苦"理解为被迫做自己不愿做的事情,而做自己愿意做的事情,无论在别人看来怎么苦,自己感到的都是快乐。

  按照中国人的传统看法,幸福似乎总在明天,今天总是在为明天受苦。人生要么先苦后甜,要么先甜后苦,今天的苦是为了明天的甜,今天不苦明天更苦;过程总是漫长、艰辛、难熬的,幸福只存在于目的中,只存在于成功的终点。这就是中国人典型的生活哲学。"十年寒窗无人问,一举成名天下知",这句名言不知激发了古今多少读书人,"头悬梁、锥刺股"的苦读精神,不知激励多少人实现了升官发财的梦想,当然也不知制造了多少悲剧,毁灭了多少人的人生。这种过于狭隘和功利、过于重结果轻过程、过于重未来

---

① [法] 罗曼·罗兰. 歌德与贝多芬 [M]. 梁宗岱,译. 桂林:广西师范大学出版社,2002:37.

轻当下的生活哲学，应该要有所改变了。否则，一个人无论事业上怎么成功，幸福感也高不到哪儿去。

真实的生活总是有甜有苦，教育生活和学习过程中不可能没有辛苦和艰苦，甚至也不可能完全没有痛苦和煎熬。因为受教育和学习过程中所做的不可能都是受教育者自觉自愿、自由自主的事情，所从事的不可能都是有兴趣的和富有创造性的活动，不可能不做一些单调、重复、乏味的事情，不可能不遭受一些挫折和打击，不可能总是一帆风顺、欢天喜地的。而且，社会总是分层的，教育在现代社会又必须承担社会筛选的职能，以更公平地选拔人才，实现社会分层。社会有分层就一定有竞争，这种竞争就一定会反映到教育中，进入学校里。这样，教育生活中就不可能没有压力和竞争，这是个人社会竞争的序幕和前奏，是每一个受教育者不得不面对的。既然是竞争，就不可避免地、程度不同地具有一定的排他性甚至残酷性，这就使教育中不可能没有苦。但是，以幸福为其终极价值的教育，无论如何也应指向幸福、追求幸福、接近幸福，尽可能促进教育的结果幸福与过程幸福的统一，最大限度地为受教育者营造幸福的教育，而不是舍弃当下幸福，让学生在煎熬中苦苦期待不确定的未来幸福。

增加教育的幸福意味，未必就会有损于受教育者未来功利目的的实现，因为幸福的教育对受教育者更具有吸引力，更能激发他们的学习兴趣和热情，更有利于学习成绩和综合素质的提高，从而更有助于提升社会竞争力。站在现实与理想之间的立场上，教育既不应过度为当下而牺牲未来，也不应过度为未来而牺牲当下。当下幸福与未来幸福是有密切关联的，但的确也不是一回事，需要兼顾，需要保持它们之间的必要张力。否则，或只能是为了未来过多地牺牲当下，或只能是为了当下过多地牺牲未来，或可能是两者皆失。

需要指出，教育生活的当下幸福并不是简单和肤浅的轻松安逸与优游嬉戏，并不是没有压力的自觉自愿，也不是没有规制的自由自在。当下幸福如果不能为未来幸福奠定基础，那么所谓的当下幸福就不过是一时和表面的快乐而已，这样的幸福是对童年和青春的浪费，也是对未来幸福的损害。受教育者的当下幸福，应主要是建立在自由、民主、平等、多元、宽容、兴趣和创造性基础上的紧张而愉快、严肃而活泼的教育生活。

（二）教育为何可能是幸福的

教育与幸福是可以相通的，而并非天然无缘。教育虽然要指向受教育者的未来生活，但教育生活本身或者说当下的教育生活并非只能远离幸福，并非只是在为未来的幸福付出令人痛苦的代价。如果认为受教育就一定意味着是人生中以苦换甜的一个阶段，那就是还没有理解什么是真正的教育。真正的教育，是自由、自觉、自主的活动，是促进人的身心发展的活动，是充分发挥人的潜能的活动，是尊重人性和遵循人的身心发展规律的活动，是能够满足人的各种合理需要的活动，这样的教育，当然是可以使人感受到幸福的。

与幸福相通的教育并非仅仅是指理想和完美的教育，也不只局限于理论上的教育，现实中并不完美的教育，也不是完全没有幸福可言的，只是可能被痛苦遮蔽和掩盖了，或者是因为人们没有去悉心捕捉和感受。但凡是教育,本身总或多或少地内含着一些滋生幸福的元素和诱因,如儿童上学就意味着要过某种集体生活和交往生活,意味着去新的地方、学新的知识、见新的世面、交新的朋友,这通常是令人兴奋和愉快的。仅此而言,教育就能满足儿童合群、交往、好奇、求知的需要。但凡还能称为教育的教育,总或多或少地意味着对真善美的向往和接近,而求真、向善、爱美是人性的普遍需求,满足这种需求就意味着或多或少、这样那样的知识的增长、能力的发展、心灵的净化、智慧的积淀、德性的养成、精神的陶冶、人格的独立、好奇心的满足、创造性的提高,这些都是人性之所向,也是幸福的源泉。

之所以说教育可能是幸福的,除了教育生活中多少都客观地存在着一些生成幸福的元素,还因为学校教育是专门为促进人的发展而人为营造的特殊环境,这就使得教育中的人有可能按照其主观意识能动地赋予教育过程更多的幸福元素。要使教育过程更富有幸福意味,教育的人性化至关重要。幸福在某种意义上讲是一种合人性的生活状态,是人性得到肯定和人性需要得到满足的主观感受,幸福也意味着人性的完善和升华。人性化的教育无疑会给教育自身增添更多的幸福。康德指出:"人的天性将通过教育而越来越好地得到发展,而且人们可以使教育具有一种合乎人性的形式。这为我们展示了一种未来的、更加幸福的人类的前景。"[1] 康德的

---

[1] [德] 康德. 论教育学 [M]. 赵鹏, 何兆武, 译. 上海:上海人民出版社, 2005: 6.

这一理念，既是千百年来人类教育的应然向往，也是一种实然追求。思考教育中人性与幸福的关系，有助于增强教育的人性意识和教育人性化的自觉。教育活动有来自两个方面的依据：一是人，二是社会。由此，教育要受到来自两个方面的制约：一是教育的人的制约性，二是教育的社会制约性。我国以往的教育理论，对教育的人的制约性的认识仅仅停留在人的身心发展规律对教育的制约性上，几乎无视了人性这一人之为人的属性对教育的深刻影响。这是我国教育理论的重大缺失，也是造成教育实践诸多问题的重要原因。教育要给人带来更多的幸福感受，无论是教育者还是受教育者都必须认识人性、尊重人性、顺应人性、升华人性，把人性作为思考教育问题和改善教育行为的出发点之一。

总之，不论是从教育本身客观上所内含的幸福元素的意义上讲，还是从人们可以能动地赋予教育过程幸福元素的意义上讲，教育自身都可能是幸福的。尽管要使教育变得幸福是非常复杂和艰难的事情，有赖于教育内外方方面面的条件，但只要人们有意识地去追求，去力所能及地践行，总是可以有所作为的。比如，采用具有艺术性和个人风格的教育教学方法，建立平等、亲和、宽松的师生关系，营造丰富多彩的学校文化，制定民主、多元的评价制度，都能在一定程度上起到减负减压的作用，都能为学生和教师增添一些主观幸福感并有助于提高教育教学质量。诺丁斯说："欢乐不必从小学就结束。老师应该研究有关他们所教学科的娱乐活动。例如，在数学中有许多有关谜语、数字理论的诀窍、两难问题和几何趣题，他们能给学习带来乐趣。……这样，从某种重要意义上来讲,教室中的教育活动是否有趣取决于教师的知识和艺术。"①

最后还需强调,学习和发展,并非都是那么轻松、愉快和有趣的,教育也绝非是越轻松就越幸福,幸福教育也不是为了让学生轻松而轻松,简单、表面的轻松愉快所带来的快乐是肤浅的,是消磨意志的,而且可能让人付出失去未来幸福的代价。幸福与否本质上并不在于表面上是否艰辛,而主要取决于教育活动的性质和方式,比如学生很辛劳地做自己愿意做、喜欢做的事情,就会感到快乐,而很轻松地做自己不愿意做、不喜欢做的事情,也会感到痛苦。诺丁斯曾引用休谟的话提醒人们:一个明智的人会"拒斥当下安逸或快乐对他的诱惑",如果屈服于这种诱惑,将来的幸福就会被牺牲。②教育中许多时候需要付出努力与艰辛,需要坚强的意志力,甚至有时也要起五更,但艰苦、辛苦并非一定是痛苦和折磨,这其中也可能感受到快乐甚至达到其乐无穷的境界。教育生活不可能是万事如意的,兴趣主义和快乐主义的教育是有害的。由于种种复杂的原因,现实的教育中难免会有许多痛苦,所以,学生的幸福能力亦当包括如何面对、弱化和消解痛苦,弱化和消解痛苦也就是在增加幸福。

---

① [美]内尔·诺丁斯. 幸福与教育[M]. 龙宝新,译. 北京:教育科学出版社,2009:240.
② [美]内尔·诺丁斯. 幸福与教育[M]. 龙宝新,译. 北京:教育科学出版社,2009:11.

第四讲

关于中等生的思考

——对学习成绩与个人前途关系的认识

这讲我们要讲什么呢?不妨先把结论抛出来:国内外不少研究都表明,在学校里学习成绩并不突出的中等生在职场的表现总的来讲要优于他们的学业表现,中上等生的个人前途比尖子生更好;学习成绩拔尖的学生,大多个人前途并不如人们预期的那么好;即便是学习上的"差生",在职场上的表现也不像人们想象的那么差,其中不乏表现出众的人才。学生在校的学习成绩与他们进入职场后的个人前途的关系并非许多人想象的那么直接、简单和正相关。学习成绩上的优生、中等生、"差生"无疑都有成功者,但中等生成功的概率普遍较高。

所谓中等生,是指在校学习成绩在全班学生中处于中等区间的学生。中等生是相对意义上的,没有确定的标准,在这个群体是中等生,在另一个群体可能就是优等生或"差生"。通常认为，考试分数居全班约80%的学生属于中等生，前10%为优等生（前3名可被视为尖子生），后10%为"差等生"，优、中、"差"大致呈正态分布。

需要说明的是，这里所说的成功概率较高的中等生，主要是指学习成绩"中上等"范围的学生，因为中等生的区间过大，不足以说明我们所讲的学习成绩与个人前途之间的关系。教育界曾有人提出一个概念，叫"第十名现象"，意思是说一个50人左右的班，第8—20名的学生往往成功率相对较高，这部分学生就属于"中上等"。以下所说的中等生，更倾向于指"中上等生"。

学习成绩与个人前途的关系，是一个很有意思的话题，也是一个复杂的问题，不大能说得清楚，所提出的观点都不难被证伪，都不难找到反例。这源于人和人的发展的复杂性，以及人的素质的综合性，源于影响人的发展因素的多样性和动态性，源于人的发展过程中不同素质之间关系的互动性和交织性，源于人的发展的长期性和持续性，也源于教育本身以及教育与人的发展的关系的复杂性。

从整体上看，学生的学习成绩与其个人前途是有明显正相关的，事实和经验都证明了这一点。一般说来，学习成绩好的学生比学习成绩差的学生个人前途更好。否则，人们就不会上学读书了。但具体到一个班的范围来看，就未必是学习成绩越好个人前途就越好。这里并不是要否认学习成绩对个人发展和个人前途的重要性，也不是说学习成绩拔尖本身不是好事，更不是要学生放弃对学习成绩的追求，而是想更深入地揭示学习成绩与个人前途的复杂关系，恰当地定位学习成绩的意义，从而提醒人们，不要一味、盲目地迷信和夸大学习成绩的意义。学习成绩只是影响个人前途的重要因素之一，另外还有诸多因素影响着人的发展，其中一些因素的重要性并不亚于学习成绩的重要性。因此，一个人的发展要注重追求综合性和可持续性，不可只求一点，不及其余。

关于"中等现象"的思考

受"第十名现象"的启发，由此想开去，似乎社会生活中也普遍存在着一个所谓的"中等现象"，"第十名现象"只是"中等现象"在教育中的一个体现。

所谓"中等现象"，更严格地讲应称为"中上现象"，意指在社会生活中的某方面相较于上、下两端，处在中等（尤其是中上等）位置的人往往更具优越性，其处境更恰到好处、更平衡、更周全，也更易获得某方面的成功，因而是一种相对意义上的最佳状态。之所以称之为"现象"，是说这种状况具有一定的普遍性、盖然性（有可能但又不是必然的性质）和规律性，所以可以将这种现象称为"中上律"。但需要指出，不能把这种现象简单地理解为"规律"和"必然"，更不能等同于"决定论"和"宿命论"，它只是一种概率意义上的"盖然性"与"或然性"，即并非完全如此、必然如此，而是大致如此，更可能如此。"中等现象"所内含的可能性能否在具体的个人身上成为现实，还取决于与个人发展相关的诸多因素。

一般说来，处于中等状态的人更易于做到内心平和、淡定、从容、平衡、和谐，成功概率较大。"中等现象"已得到愈来愈多的日常经验的佐证，也得到了一些实证研究的证明。尽管证明"中等现象"的证据目前还显不足，但至少可以提醒我们：在社会生活中，人并不一定是越在顶端越好，越拔尖越好。所谓不一定，即这并非是无条件、无前提的。收入高、地位高并不一定幸福感就高，学习成绩拔尖并不一定个人前途就同样地好。人们往往过高地估计了上等地位的人的实际生存状态，也低估了中等地位的人的实际生存状态。

（一）"中等现象"例举

1. 中等收入与个人幸福感

经济收入与社会地位是大体相一致的，所以这里讲的个人收入也包含个人的社会地位。这里所讲的中等收入，主要是就一个国家或地区范围内而言的。

经济收入与个人幸福感肯定是密切相关的，这是一个常识。但幸福感并不会随收入的增长同步地、成比例地无限增长，收入本身带来的幸福感是有限度的。假如一个人的收入增长了十倍、百倍，他的幸福感绝不可能相应地增长十倍、百倍。比尔·盖茨曾经说过，对于他这样的人来讲，财富超过1亿美元，钱本身就没有什么意义了，而只是一个符号，表征的是个人的成就、价值和贡献。富豪的幸福感主要并不来自丰裕的物质生活，而是来自成就感。

越来越多的研究表明，收入与幸福感的关系并不是那么简单和密切。一般说来，收入在中等或平均收入以下时，收入与幸福感呈正比，超过中等后，收入增长的幸福效应开始递减，直至忽略不计。

　　亚里士多德认为，幸福有三个最基本的条件，即中等财富、健康体魄、灵魂安宁。灵魂安宁是说一个人精神上有归宿，有信仰，内心平衡、宁静，如果灵魂躁动、精神空虚，内心"七拱八翘"，就谈不上什么幸福。身体是一个人幸福的重要前提，身体不健康，连吃喝玩乐的欲求都没多少，何谈幸福？亚里士多德为什么不把大富大贵而把中等财富作为幸福的基本条件？公元前六世纪的古希腊雅典城邦著名改革家梭伦（Solon）的见解能部分说明这个问题。历史学之父希罗多德（Herodotus）在《历史》一书中指出，梭伦乃是一个反对大贫大富的政治家，他主张中产阶级应成为国家的主要阶级。"因为许多最有钱的人并不幸福，而许多只有中等财产的人却是幸福的。拥有巨大财富的不幸的人只在两方面优于幸福的人；但幸福的人却在许多方面超过了前者。有钱的人更有能力来满足他的欲望，也更有能力承受大灾难的打击。后者当然不能像前者那样地满足自己的欲望并且也经不住这样的灾难，然而他的幸运却使这些灾难不会降临到自己的身上，此外，他还会享受到这样的一些幸福：他的身体不会残废，他不会生病，他不会遇祸，有好孩子，又总是心情愉快的。"[①] 希罗多德的意思是说，富人虽然拥有巨大财富，

---

① [古希腊] 希罗多德. 历史（上册）[M]. 王以铸，译. 北京：商务印书馆，2010：15-16.

能满足许多欲望，能承受大灾难的打击，但他们的不幸恰恰在于更易遭受大的灾难；而中等财产的人虽然不能尽情地享受，也经受不住大灾难的打击，但他们的幸运恰恰在于能够避开灾难。尽管希罗多德过分夸大了中等财产的人的幸运，但他的观点还是有一定道理的。

当今，国内外大量相关研究都比较一致地认为，中上经济收入的人幸福感相对较强。英国的一项关于"什么人最幸福"的调查显示：穷人不幸福，非常有钱的人也不幸福，最幸福的是那些中产阶级。"赚钱多少才会最快乐？"英国媒体一份民意调查结果显示，对英国民众而言，年薪5万英镑的群体过得最快乐。

路透社2010年7月9日援引理财网站"爱钱网"一项民调结果报道：在年薪1万英镑至7万英镑的英国民众中，年薪5万英镑的这群人生活得最快乐。不少人或许以为，赚钱这件事可谓多多益善，哪有人会嫌钱太多？然而，最新民调结果显示，一旦年薪超过5万英镑，赚钱多反而过得越不快乐。在年薪超过7万英镑的受访者中，大多数人承认自己过得不如那些仅赚5万英镑的人快乐。快乐程度竟然以5万英镑为界划分，究竟是怎么回事？"爱钱网"消费者财务部门主管埃德·鲍舍道出其中玄机：一方面，这个群体的薪资数额高于英国平均水平，意味着这群人的生活较为优裕；另一方面，就个人性格而言，薪资处于这一水平的人可能相对容易满足，对生活的满意度比较高。快乐与性格的关联不容忽视。"一些人具有雄心壮志，想要谋得年薪不低于7万英镑的职位。这类人的性格或许是永远不会满足。"在年薪不超过2万英镑的受访者中，40%声称自己几乎从来没有过"真正的快乐"。在全部受访者中，大约72%的人坦言自己在赚钱相对较多时感到更加快乐。① 类似的研究结论还有很多，也得到了不少人的认同。

广东省省情调查研究中心在2011年1月17日公布的《广东省居民生活状况与主观幸福感调查报告》显示："在月收入1万元以下，呈现收入越高幸福感越强。但在月收入超过1万元时开始出现拐点，呈现递减的负相关态势。"对此有人认为："幸福感产生于需要的满足以及目标的实现，与马斯洛需求层次理论一样，当物质条件达到一定程度后，人的欲望出现膨胀，竞争环境开始恶化，这些都强有力地影响着人们的幸福感。"②

为什么高收入的人一般没有中上收入的人幸福快乐呢？虽然这一结论会出乎许多人的预料，但其中的道理还是能够大致成立的。概括起来，有两个基本依据：首先，中上收入人群的欲望较适中。幸福感说到底就是需要得到满足后所产生的一种快感，而欲望通常会随着需要的满足不断扩张甚至膨胀，因为需要满足后很容易使人出现适应感，进而产生新的欲望，如果新的欲望得不到满足，就会感到不快。中上收入人群的物质需要大体能够得到较好的满足，但往往又有那么点儿欠缺，这点儿欠缺就可能成为幸福的来源。所以尼采说："幸福就是适度贫困。"一个饱食终日的人，很难品尝出

---

① 杨舒怡. 年薪5万英镑群体最快乐 [N]. 羊城晚报，2010-7-10.
② 赵燕华, 等. 月入过万幸福感反而递减？[N]. 羊城晚报，2011-1-18.

食物的美味，吃饭基本上是完成任务，他的幸福感就不如那些有一点儿饥饿感的人。高收入人群大多抱负远大，身手不凡，奋斗不止，身不由己，欲求难平，进入"快车道"后，想"变道"、想"刹车"都难。"商场如战场"，强中更有强中手，竞争激烈，精神紧张，压力巨大，永难满足，欲罢不能，苦海无边，回头无岸。苹果公司创办人乔布斯曾在他的遗言中写道："无休止地追求财富只会让人变得贪婪和无趣，变成一个变态的怪物——正如我一生的写照。"由于种种主客观条件所限，中等收入人群大多要么不能、要么不想追求更多的财富，从而使其欲望大致维持在一个比较适中的水平上，既有较好的生活享受，又不易物欲不断膨胀，更易知足，而知足对幸福感至关重要。

其次，中上收入人群付出的代价较小。正常情况下，财富的获得总是要付出相应的代价，许多高收入的人为不断地、最大化地获取财富，承受了巨大的身心压力，过多地透支了身体，牺牲了亲情，失去了健康的生活方式，往往不那么自由、自主、自在。所得丰厚，所失亦巨大，为社会贡献了许多，自己也付出了许多，充满了艰难与辛酸。正如尼采所说："其实人跟树是一样的，越是向往高处的阳光，它的根就越要伸向黑暗的地底。"中上收入人群往往既有一定的事业追求，但出人头地的欲望又不那么大，事业、家庭、亲情、身体、休闲等方方面面更易于顾及，不过多地受金钱、地位、名誉等外在力量的奴役，心灵比较自由，精神比较自主，生活比较自在，发展比较全面。

研究表明，一些非经济的因素和非社会地位的因素与幸福感往往有着更深刻的相关性，比如婚姻状况、宗教信仰和精神追求对个人幸福感的影响在一定的条件下可能更为深入、持久，并具有内生性。据英国《每日电讯报》2010年7月12日报道，84%的受访女性和75%的受访男性都认为，幸福的婚姻是构成"完美生活"最重要的因素。[①] 英国的心理学家和数学家在对1000个人作过调查之后提出了一个计算幸福指数的公式，公式中揭示了影响幸福构成的基本要素：Felicidad（幸福指数）=P+(5×E)+(3×N)。公式中的"P"代表人的性格、人生观以及他的适应能力和耐力，"E"代表人的健康及他的财富和友谊的稳定程度，"N"代表人的自我评价、对生活抱有的期望值、性情和他的欲望。不管这个数学公式有多少道理，但人的精神因素对幸福感的重要性是毋庸置疑的。

《华东区白领生活形态调查研究报告》显示：上海八成白领自认为活得不如农民。58%的白领最羡慕农民能够日出而作、日落而息；53%的白领认为比不上农民的理由是"他们没有辐射和交通污染"，43%的白领希望能和农民一样可以有规律地一日三餐。对他们而言，不失眠、能一觉睡到自然醒等这些平常人的日常享受都成了奢侈。竞争压力大、失眠、无规律的生活，已成为许多高级白领身心健康的杀手，仅是失眠，就把他们中的一些人折磨得痛苦不堪。但真要这些白领去当农民，他们中的大部分可能又做不到。为得到不得不失去，得到了又想失而复得，不能复得就怀念过去，就

---

① 方颖. 完美生活啥样？[N]. 羊城晚报，2010-7-13.

羡慕拥有他们失去的那些东西的人。人都是生活在冲突、矛盾、纠结和困惑中，谁都是屁能把握和调整得好一些，谁就更快乐一些。

2009年8月，智联招聘网推出了《职场人工作心理状态特别调查》，两个月内有1万多名职场人士接受了问卷调查。调查显示：有近九成白领表示自己"不快乐"，其中四成人认为"很痛苦"。"城市白领是受教育机会较多、收入较高、生活条件较好的一个令人羡慕的群体，为什么他们还说自己'不快乐'？在广州，外企、国企、事业单位的从业人员和公务员，很多人对《职场人工作心理状态特别调查》深有同感：升职压力大、人际关系微妙……"概括起来主要烦恼有："担心的是个关系，苦恼的是个钱字""想找的那叫靠山，钻营的那叫权力""看到的都是笑脸，闻到的都是屁味。"[1] 北京国际抗衰老医学中心专家黄又鹏博士的研究证明：生活节奏紧张、精神压力过大和不规律的生活方式，已成为中国高收入人群的致病因素，使他们的身体老化速度加快。黄博士利用现代生物年龄分析技术对64例病案所作的临床统计分析表明：目前中国高收入人群的过速老化趋势已经超过英美国家。肥胖、记忆力衰退、性功能减退，呼吸系统、消化系统、心脑血管系统和包括糖尿病在内的内分泌系统疾病发病率正在增高。统计显示：35岁至45岁的高收入者机体老化速度明显加快，接受抗衰老治疗的人中有七成人的功

---

[1] 廖怀凌，陈学敏，吴凡. 职场里，你怎么弄得那么不快乐[N]. 羊城晚报，2009-10-17.

能年龄明显超过自身的自然年龄，超龄高达 15 岁至 20 岁；生物年龄平均比自然年龄超龄 10 岁至 13 岁。[①]

其实，人无论收入状况如何，都可能是幸福的，也可能是不幸福的，无论幸福与不幸福，现实中的人都是兼而有之，两方面的感受总是混杂在一起的。但普遍来看，中等收入的人相对更容易幸福一些。不过，就个体而言，幸福与收入的关系是不确定的，在很大程度上依主观态度和精神状态而定。之所以说中等收入特别是中上收入的人幸福感普遍较强，一是因为他们有较好的物质生活条件，二是因为他们相对更容易具有良好的主观态度和精神状态。

香港地区近年逐渐流行"败犬"现象。在香港，许多女性都是位居管理层的高薪人士，赚钱能力比男人强，难免择偶要求也高，这使得香港单身女性不断增加。"美丽又能干的女人，只要过了适婚年龄还是单身，就是一只败犬。"对于这些以往被称为"单身贵族"的女性，香港社会开始有人称她们为"败犬"。"败犬"一词源于日本作家酒井顺子 2003 年出版的散文集《败犬的远吠》，她认定年过 30 的未婚女性，无论事业上多有成就，在职场上如何叱咤风云，只要未婚就是人生战场上的一只败犬。该书引发日本社会热烈讨论。现在人们一般认为，"败犬女"是指 30 岁以上，高收入、高学历、事业成功，但无感情归宿的女性。不少香港女性感叹，虽然她们有高学历、高收入，但年过 30 仍然单身，感情毫无着落，跟一条被打败、要夹着尾巴逃走的狗委实没

---

① 海海. 我国富人老得快［N］. 大河报，2002-7-22.

有分别。"剩女"是教育部2007年8月公布的171个汉语新词之一，指现代都市中拥有高学历、高收入、高智商，长相也无可挑剔，择偶要求比较高，导致在婚姻上得不到理想归宿的大龄女青年。当下，收入高、地位高反倒成了女性婚姻的障碍，而收入、地位一般的女性在婚姻上大多比较顺利。

2. 中等智商与个人发展

智商是先天遗传因素和后天环境因素综合的产物，是一个人非常重要的发展资本，与个人前途密切相关。智商高的人，头脑聪明，学习能力强，在许多事情上都可占得先机。单就智商而言，自然是越高越好，没有人不想自己更聪明一些。然而，在现实生活中，智商与个人发展的关系是多样而复杂的，并不简单地意味着越聪明就一定越有利于个人发展。智商低固然不是好事，智商极高也未必完全是好事。就一个人而言，高智商是利大还是弊大，取决于诸多因素。一个人的发展和前途，受许多因素的影响，智商只是其中的一个重要因素，智力是和包括情绪、情感、意志、性格、人格、自我意识、自我管理、自我激励、抗挫能力、交往能力以及道德品质等非智力因素综合性地对个人发展产生影响的。经验和研究都表明，非智力因素对人的发展的作用并不亚于智力因素，在智力水平同等的条件下，非智力因素往往成为决定性的因素。

事物往往都具有两面性。对于智商极高的天才来说，他们当然是幸运的，但如果自己不能正确对待，过多或单一地依靠智力，所带来的消极影响便很可能大过积极作用。天才式的人，自然引人注目、让人羡慕、夸赞如潮、备受追捧，很容易成为注意的中心,也很容易"一俊遮百丑",缺点和毛病往往被自己和他人忽略和掩盖。在这种情况下,要做到头脑清醒并不是那么容易的事情。事实表明,这类人比较容易飘飘然、自负、得意、清高、卖弄、骄傲、狂妄,过分陶醉和沉溺于自己的聪明才智,忽视非智力方面的发展,结果造成人格上的重大残缺。这类人还比较容易产生对表扬和赞美的依赖心理,经受不住大的挫折,心理脆弱,过于自我。还有的聪明人,自恃聪明、依赖聪明,不够刻苦,结果一事无成。另外,这类人常常还会承受巨大的压力,因为聪明,所以别人对他们的期望值也很高,他们也就得极力地表现出与众不同的才智,如果这种压力过大,就会损害他们的正常发展。在这个世界上,天才的比例虽小,但也不乏其人,但能够比较和谐发展的天才并不多。许多天才都被自己毁了或被他人捧杀了。对于这些人来讲,高智商不仅没成为优势,反而利不抵弊了。

心理学家丹·艾瑞里认为,一个人事业成功与否,不仅取决于他的天赋和教育背景,更主要地取决于他的情绪状态,以及他控制情绪的能力。一个有超常天赋的人,情绪状态相对会不稳定、不可控。不稳定让他更敏感,有可能看到常人看不到的东西,但有可能使他更容易作出错误的决定。人们通常都会热捧有超常天赋的人,却很少关注他们的心理状态,以为他们的反常情绪状态没什么大不了,甚至是必然的。其实,不少这样的人内心是痛苦的,其才华也受到很大限制。

今天的中国,有许多超常培养项目,如奥数班、超常班、少年班等，其对象都是年龄较小的学生，他们的情绪、情感、性格等心理素质都处于发展的关键期，如果急功近利，忽视非智力因素的培养，只要求他们出成绩、拿金牌、上名校，就会使他们心理孤僻怪诞，毁掉许多本来的天才。"超常的天赋，对于那些孩子来讲，是一笔宝贵的财富，也是巨大的危险。"[1] 难怪英国诗人约翰·德莱顿说："天才与疯子比邻。从天才到疯子，仅有一步之遥。"具有超常智力的人，往往长处和短处都一样突出，既幸运又痛苦，许多天才的幸福感并不如常人。

中等智商特别是中上智商的人，他们虽然有较高的智力水平，但没有什么可以炫耀的资本，不容易自负、骄傲、怠惰，心理上比较正常，情绪、情感、性格、意志等非智力因素的发展更趋于和谐，自我期许和外部压力通常都不会太过头。中上智商的人虽没有极为突出的方面，也没有明显的残缺，其发展更易于具有整体性、全面性和综合性。同时，他们既在智力水平上优于多数人，但又属常人范畴，个人发展上相对超常智力的人更加自由、自主、自为，更易获得正常的人际关系，发展后劲可能就更大。

还应看到，智力是一个整体概念，具体说来，智力是多元的、多样的，且不同类型的智力之间还有一定的排斥性。具有超常智力的人，实际上多为某一方面智能尤其是最受关注的逻辑—数学方面具有特别突出的表现和潜质，但这只是

---

[1] 江学勤. 为什么说超常天赋既珍贵又危险[N]. 中国青年报, 2014-11-25.

智力中的一部分。而且，正是因为他们某方面智力极其突出，就很容易压制和排斥与之具有不同特质的其他方面智力的发展。

3. 中等外貌与个人际遇

一个人的外貌，如相貌、身材等，对个人成长甚至前途亦有着潜在的影响，对女性来讲更突出一些。外貌主要是天生的，是一个人的天然资本。外貌丑陋，是一件不幸和吃亏的事情；天生丽质，是一件幸运的事情。外貌不佳的人，自儿童、少年时期就易产生自卑感，进而会对性格产生一些消极影响。外貌出众的人，较易自信、开朗，进而会对性格产生一些积极影响。美丽、苗条和英俊、高大的靓女俊男，让人心旷神怡，不仅仅是好看，而且会带来一些或明或隐的"收益"。国外有调查表明，女人的美丽和男人的身高与个人收入之间有一定的正相关。当代家庭教育研究会在一份题为"在高中，美貌有利也有弊（但大部分时候有利）"的报告中称，自高中起，相貌姣好的人在智力、潜力和成功方面获得的评价都比一般人高。"以貌取人"导致的机会不平等甚至可与种族歧视、性别歧视和家庭背景不如意带来的不平等相提并论。报告称，在高中，被认为长得好看的学生通常成绩比一般学生好，并且获得高等学历的概率也高出同龄人。研究还显示，貌美不仅使一个人在学生生涯中占据各种优势，并且在人的一生中都具有深远的影响。

外貌出众之所以能占得些"便宜"，这源于人皆有之的爱美之心。美国的一项研究表明，人类天生便会"以貌取人"。测试发现，四五岁的儿童会比较信任拥有漂亮脸蛋的成年人，尤其是"漂亮的女性"。主导这项研究的哈佛大学教授伊格尔称，外貌会影响人们对他人的第一印象，四五岁的孩子并不清楚"以貌取人"是不可取的，他们会本能地选择相信拥有令人感觉愉悦的外貌的人。"当孩子渐渐懂事，开始接触到越来越多的外面的世界时，他们才会严重依赖他人提供的信息，例如选择相信较年长的成年人。"① 英国一项网络调查也显示，大多数成年人在初次约会时，都喜欢以貌取人。

单就外貌而言，当然是越美丽、越英俊越好，但这种天然"资本"同样也是有利有弊，甚至犹如"双刃剑"。姣好、英俊的外貌是无数少女少男所向往、羡慕的，尤其对于女性，漂亮在某种意义上甚至是最大的财富之一，这不仅关系到自己的婚姻、生活的感觉和自信心，也关系到自己的竞争力。但对于那些外貌超过绝大多数人的极为漂亮的人来说，可能这种本钱就既是财富又是包袱了，所以也并非是越漂亮就一定越好。外貌十分出众的人，备受瞩目，宠爱有加，从小到大赞美不绝、优待不断，想不清高、不自负、不娇气都难。这类人还比较容易自恃有这个本钱而不刻苦和努力。此外，他们还更容易受到异性的诱惑、约会、追求方面的过多干扰，难以静下心来学习和做事。

当代家庭研究会在上面提到的那份报告中也指出，因相貌姣好而广受欢迎有时也会带来负面效应。比如被视为身材好者谈恋爱、与人发生关系或酗酒的概率都比普通人高。而

---

① BOBO. 孩子天生会以貌取人 [N]. 羊城晚报，2014-2-28.

这些因素都会导致高中生学业成绩的下降，并影响今后在大学里的表现。

外貌中上的人，既有这方面比较好的资本，但又不至于陶醉和依赖于自己的外貌，既可以避免那些非常漂亮的人通常容易养成的毛病，有平常心态，又在这方面比较自信，一般也会比较努力和刻苦。所以，比较漂亮似乎在理论上讲是最佳状态。《洛杉矶时报》引用芝加哥伊利诺伊大学和得州大学奥斯汀分校所做的一份调查报告指出，外表较佳的高中生，成绩通常更好，而上大学与就业之后的际遇也更佳。这项研究访问了近9000名年轻学子，追踪他们的成长经历，从高中一直到就业。研究显示，外表较佳的高中生有更多的朋友、更多的约会对象，以及更愿意参与运动竞赛。研究指出，当高中生进入大学后，外表较佳的学生更容易从大学毕业，比起一般长相的学生，约高出3%。而在就业方面，外表较佳的学生也有优势，他们的薪资比外形一般的学生要高10%，但并非完全正相关。研究人员还指出，外表较佳的人，结婚的概率更高，心理也更健康；但外表普通的学生也有优势，他们较少性行为，也较不酗酒。[①]

4. 中等家庭经济条件与个人成长

家庭经济条件是个人成长的基础性条件。一般说来，富裕家庭子女的成长条件比贫困家庭子女的成长条件要优越，其发展状况整体上也更好。

人的成长需要各种各样的资源，这直接关系到一个人受

---

① 佚名. 高中生相貌好人生际遇更佳［N］. 羊城晚报，2013-12-14.

教育年限和质量,也关系到机会的多少和眼界的大小,过于贫穷,会失去许多发展机会,留下缺憾。2013年8月,一项发表在《科学》期刊上的研究表明:"贫困的你比正常的你IQ要低13点。这个数值差不多也是正常人和慢性嗜酒者的智商差别。"①

教育特别是学校教育对人的成长具有极其重要的作用,而受教育是需要投资的。富裕人家的子女,其父母的文化水平大多较高,因而通常可以享有良好的家庭教育,而且大多还可以进入优质幼儿园,可以买学区房择校,可以上私立学校,可以进优质补习机构,可以请家教高手作一对一的辅导,可以参加丰富多彩的校外活动,可以出国旅游见世面。难怪有人说,如今"成绩都是钱堆出来的"。这话虽然多少有些片面,但不无道理。如今,低收入家庭的孩子要想成绩好,光能吃苦是远远不够了。好在政府采取了一些措施,在政策上额外给予了贫困家庭子女上重点大学的一些机会。

不过,从大的范围内来看,学习成绩优异的学生,比例上更多的还是来自城市的中产家庭。国内外的资料都表明,家庭经济条件非常好的富家孩子在个人发展上的整体表现不如家庭经济条件中上水平的孩子。这类家庭的孩子,既享有较优裕和丰富的发展资源,不会自卑、无助,也不会骄奢、依赖,其父母在子女教育上通常也更趋理性和完整。家庭经济条件极为优裕的孩子,较易滋生依赖和惰性,坐享其成,养尊处优,贪图享受,意志薄弱,趾高气扬,父母在子女教

---

① 佚名.因为穷,所以笨[J].壹读,2013(23).

育上很难严格得起来。这种情况在中国更为明显。《中国青年报》援引调查称：95%的中国老板富不过三代。缺乏勤俭精神和子女教育失误是两大原因；富家子弟只有10%能继承父母的优良品质，成为积极向上、勤奋好学的人。古今中外，大量的家族兴衰史表明，无论某一家族通过什么途径发家致富，保持富裕状态的时间，很少有超过三代的，故被世人总结出一条定律，叫"富不过三代"。调查显示，由于找不到合适的接班人，我国95%以上富有家族现在面临的不是"富过三代"的问题，而是"富过两代"的问题。全球家族企业也普遍面临"穷孙子"问题。在美国，家族企业在第二代能够存在的只有30%，到第三代还存在的只有12%，到第四代及第四代以后依然存在的只剩3%了。①

  这里再说说古代英国和中国贵族子弟的不同命运。从中世纪开始，英国及欧洲的贵族继承制度是"长子继承制"，贵族家庭中嫡长子将继承家族的贵族头衔和几乎全部财产。剩下的儿子们几乎什么也得不到。非长子们靠什么获得财富呢？只有靠自己的知识和能力，所以他们大都勤奋读书深造。当时，牛津、剑桥的毕业生中，超过80%来自贵族子弟，而非长子的比例又远远高于长子，因为他们更加努力。走向社会的非长子们为了生计，必须和不同层次的人打交道，他们并不拥有贵族的地位和财富，因此也就没了高傲、轻慢的资本。受过良好教育的非长子们，将优雅、温和的绅士风度传递到社会的各个角落。"长子继承制"给非长子们

---

① 佚名. 95%的中国老板富不过三代[N]. 羊城晚报，2009-6-22.

带来巨大心理落差的同时，也让他们学会了正确看待财富和地位。

与英国"长子继承制"相比，中国自古的"析产继承制"显得要公平得多。所谓"析产"，即财产分割，所有继承人都有份。自汉武帝为巩固中央集权颁布"推恩令"开始，诸侯王和贵族的封地便要分割继承，所有财产子嗣们人人有份。但结果如何呢？在明代，朱氏子孙们整日养尊处优，个个满脑肥肠，除了钱，既无能又无知。到了清代，数百万旗人由国家供养，其结果是养出了一大堆不学无术，只会挥霍家族财富的寄生虫和败家子。看似不公平的"长子继承制"和看似公平的"析产继承制"，产生出两种截然不同的结果。① 英国贵族家庭的非长子们既拥有优裕的生活与发展条件，他们可以受到最好的教育，可以周游世界，但却没有属于自己的现成财富，所以还必须靠自己努力。而中国古代的贵族家庭子弟，既享有优裕的生活和发展条件，又有坐享其成的财富可继承，无忧无虑，奋斗和努力的动力从何而来呢？

除了上述例举，"中等现象"还有其他一些表现。比如自杀率，在我国大致有两头高、中间低的趋向。改革开放后，虽然人们的物质生活有了惊人的改善，但自杀率却不断攀升。据2011年的统计，中国一年约有30万人死于自杀，另外还有约200万人自杀未遂，其中75%发生在相对贫困和愚昧的农村，而社会地位和受教育水平更低的农村女性自

---

① 张希. "悲催"的贵族[N]. 今晚报，2018-3-6.

杀人数比男性又多 25%，多数是因家庭矛盾而自杀。广州市心理危机研究与干预中心 2007 年 11 月至 2014 年 8 月共接听了与自杀有关的心理热线 1453 例，有 905 例咨询者提供了自己的职业信息，其中无业人员占 27.4%，专业技术人员占 15.6%，分列第一、二位；其他依次为：学生占 11.2%，私营业主占 10%，其他占比较大的职业还有工人和服务行业人员。[①] 抑郁症患者现已成为自杀的高危人群。虽然抑郁症的机理目前还不十分清楚，但竞争激烈、人际关系紧张、心理压力过大、长期失眠等已越来越成为抑郁症的病因，而这些症状越来越多地出现在社会上层人士中。

有调查显示，智商高、求胜心强的人已然成为抑郁症高发人群。1980 年至 2010 年，中国约有 1200 位企业家自杀；2003 年至 2010 年，至少有 10 位身家过亿的中国富豪走上"不归路"。企业家自杀的原因大多是财务问题上的压力。一位因经营不善而患上了重度抑郁症的企业家自杀前在遗书中写道："现实太残酷，竞争和追逐永远没有尽头。"[②]

有调查表明，许多"女强人"活得并不幸福。"无论是在传统的东方国度，还是在开放的西方国家，这些在社会角色中'越位'的女人都是看着光鲜，活着辛苦。"美国《纽约时报》中的一篇关于女强人是否能获得美满婚姻的讨论文章，结论非常悲观。有媒体就此评论称："女人已经在很多领域把男人们打得一败涂地，但当这些高成就女人们赢得自由

---

① 王普，伍展虹. 学历越高自杀倾向越高 [N]. 羊城晚报，2014-9-11.
② 白菊梅. 逼死亿万富豪的"真凶" [J]. 环球人物，2011（16）.

时,她们实际正在给自己盖监狱,因为男人不喜欢太成功的女人。"①

有人曾列举出女人嫁不出去和男人娶不到老婆的种种原因,都是以"太……"和"太不……"来表述的,颇有些意思。"女人嫁不出去的原因"依次为:"太成功""太有学问""太聪明""太好强""太漂亮""太不漂亮""太没品位""太有主见""太娇贵""太贪玩""太贪心""太虚荣""太风骚""太吃醋""太啰唆""太不主动"等等。"男人娶不到老婆的原因"依次为:"太成功""太木头""太聪明""太好强""太帅""太丑""太暴躁""太没主见""太霸道""太自卑""太贪玩""太邋遢""太花心""太吃醋""太吝啬""太不主动"等等。这其中也说明了这样一个道理:过犹不及,太过头与太不足都不如介于两头之间的"中和"状态。

(二)对"中等现象"的理论解读

如果只是单一、线性地分析收入、聪明、外貌、家庭条件包括学习成绩与个人发展的关系,可以说越有钱、越聪明、越漂亮(英俊)、家庭条件越优越、学习成绩越好,对个人发展就越有利。但问题的关键是,这些方面如果极端了,也很容易产生消极作用,在一定的条件下,好事反而可能变成坏事。这里我们试图对"中等现象"作几点理论阐释。

---

① 孙徽,等. 全球女强人,幸福指数不高[N]. 环球时报,2010-12-20.

1. 辩证论

事物往往都具有两端，两端既具有统一性，又具有对立性。事物要处于比较稳定、平衡、和谐的状态，就需要在事物两端之间保持一种相辅相成、相互制衡的关系。处于两个极端，有利亦有弊，利弊杂糅，利背后就隐藏着弊，长处背后就隐藏着短处，极端的利有时就意味着极端的弊，易造成事物内部关系张力的断裂。而处于中间位置时，两端之间的关系更为辩证，不易失衡。尽管这种状态也非十全十美，亦有利有弊，但在许多情况下更有优势。

2. 代价论

在现实生活中，为了得到往往需要付出相应的成本和代价，即常言所道"有所得必有所失"，所以，人们在做许多事情时，都需要权衡得与失，看是否失有所值。处于两个极端时，所得和所失通常都过大，为了获取某方面的利益最大化，也付出了最大化的代价，只是这种代价有时会迟一些才表现出来，而一旦表现出来，可能会带来难以弥补的重大损失，甚至得不偿失。处于中间位置时，所得和所失都不极端，较为适中，自然有一种独特的优越性，也是适合大多数人的一种选择。

3. 排斥论

许多不同特质的事物和要素之间，都有着一定的冲突性和排斥性，并非只是相辅相成、相互统一。比如人的不同素质之间，除了有相辅相成、相互促进的一面，同时亦有相克相抑、相互排斥的一面。智力因素与非智力因素之间、抽象思维与形象思维之间、数理逻辑智能与运动智能和音乐智能之间、分析性智力与创造性智力和实践性智力之间,等等,都既有"相生"的一面,亦有"相克"的一面。智能是多元的、多方面的,人的不同智能有着相异的特质,而相异的东西之间是有一定排斥性的。一个人在某方面特别优异和突出,就容易导致其他相关方面的衰退和滞后。处于中间状态的人,往往既不在某方面特别突出,也不易在其他方面造成明显的短板,如果各方面大致都处于中等特别是中上水平,综合起来就会形成一种整体优势。

4. 中和论

"中和"是中庸之道的主要内涵,主张过犹不及。这种思想是有其独特智慧的,对思考某些问题特别是人的发展问题颇有启发。极富有与极贫困、极聪明与极愚钝、极美丽与极丑陋等,从中和论的观点来看,都过于极端了。极贫困、极愚钝、极丑陋的弊端自不必说,极富有、极聪明、极美丽,也可能成为利弊参半的事情,如有不慎,好事极易变成坏事。而中和处于两个极端之间,意味着和谐、平衡、综合、协调、全面、稳态,也更常态、更少风险。

"中等现象"不仅内含着深刻的人生哲理,也内含着独特的教育哲理,值得深思。虽然"中等现象"目前还没有大规模的实证研究作支撑,但其中的道理还是大致符合逻辑的。即便"中等现象"没有很大的普遍性,也不一定那么突出,但它给我们带来的启示和警示也是有积极意义的。"中等现象"对我们思考学生学习成绩与个人前途之间的复杂关系就颇有启示。

关于中等生的个人发展前途

这里所说的"中等生",指学习成绩,即考试分数在所在班级中居于中等区间的学生群体。虽然考试分数并不能完全说明一个学生的发展水平,虽然不同价值观的教育中考试分数的内涵不完全一样,但它毕竟是衡量学生素质的一个基本指标,并与学生的个人前途有着密切的关系。

中等生既是学校中最大的一个群体,又往往是一个易受忽视的群体。中等生给人的一般印象是:相对缺乏进取心,胸无大志,不够刻苦,较为平常,缺乏闪光点,比上不足,比下有余,既难增光添彩也不丢人现眼。

学校和教师对中等生群体的策略通常是"抓两头,带中间",关注点首先是放在能增光添彩的优等生上,其次是会拖后腿的"差生",以此带动中等生的发展,一般不予中等生以特别的观照。

在许多人,包括教育者、受教育者和家长看来,学业成绩拔尖的学生,不仅在学校受宠,而且步入社会和职场后,其表现和成功率自然也同样优异。应该说,这种认知是有其合理性的,也与人们的日常经验有吻合的一面。从大的范围来讲,学习成绩与个人前途整体上是成正相关的。因为学习成绩越好,通常受教育程度越高,越容易进入各级各类高水平学校,而受教育的年限和质量与就业、升迁、薪资是密切相关的。如果这种正相关不存在或得不到经验的支持,那人们干吗要去努力读书呢?

然而,这种正相关却很容易被人们夸大,在中国尤其如此。其实,学习成绩与个人前途之间的正相关并不像人们想象的那么大、那么直接,特别是在一个小群体范围内更是如此。一些研究表明,在一个班级的范围内,考试分数位居于中上位次的学生步入社会和职场后发展状态比人们想象与期待得要好。尖子生的个人前途并不像人们想象和期待得那么好,"差生"个人前途也不像一些人想象得那么差。这里所说的个人前途,主要是指职场表现,而学习成绩与不同职业领域的发展前途的关系又不是完全一样的。一般说来,学习成绩对从事教育和科研工作的人的前途的影响通常要更直接、更明显一些,而对从商、从政和做实业、做管理工作的人的前途的影响相对就不是那么直接和明显。

(一)一些值得思考的现象和问题

1. 松下公司的"70分"择才观

有报道称,日本松下集团从创办之初起即提出只用中等人才的战略。公司创始人松下幸之助认为,人才的雇用以适用公司的程度为好。程度过高,不一定有用,所以招募过高水准的人是不适宜的。松下的高层管理者认为,中等人才只要给他们机会,就能发挥最大的潜能,以80分的水平干出100分的成绩来。[①] 选择适合的人才而不一味盯着高层次人才,这是发达国家企业的普遍用人原则,但从松下公司的择

---

① 李元卿. 中等人才更易获得成功[N]. 光明日报, 2007-2-15.

才观中，我们还可以领悟到其他一些意涵。比如，中等人才可能更有发展潜力，更愿意从基础性工作做起，更好调配使用，更谦虚谨慎，更踏实肯干，更珍惜所得到的工作，更安心稳定，更容易满足，更善于处理人际关系等等，而"100分"的优等人才，在综合性与全面性上可能普遍不及中等人才，比较容易"眼高手低"和"这山望着那山高"，容易产生"怀才不遇""大材小用"之类的怨言。

2. 我国一些企业开始青睐中等生

近年在我国的一些人才招聘会上，一些企业开始把目光投向成绩一般的毕业生，甚至有的企业公开打出只要中等生、不要高材生的旗号。"成绩中等或中下，外向，热爱汽车。""成绩优秀者不考虑。"……2009年5月，一则被冠以"非主流"的招聘广告相继出现在川大、西南财大等网站上。用人单位是一家世界500强的保险公司，所招聘的是车险专员、财险规划师、电话营销。[①] 我国一些企业在招聘人才上也越来越务实，适合、能干最重要，并不一味青睐高学历，更不会去关注学生在校学习成绩。一位企业的人力资源部经理说，学业优异的人才在企业待不住，跳槽的比较多，严重影响了人才队伍的稳定；另外一个重要原因是，有些学业优异的人才眼高手低，而中等生、中等人才则踏实肯干，更易出成绩。台湾塑胶集团掌门人王永庆，早年对人才要求极高，虽然费心搜寻，优秀人才也只是偶有所得。如何找到合适的人才呢？经过多年摸索，王永庆总结出一条用人原

---

① 佚名. 世界500强招人"谢绝优等生"[N]. 成都商报，2009-6-2.

则：用中等人才。在他看来，那些聪明自负的人，一旦工作不顺心，就抱怨自己的公司，抱怨自己的职位。带着这种心态做事情的人，责任心和工作热忱都不足。尽管他们才能一流，但若不发挥出来，还不如一般人才。相反，中等人才没有骄傲的资本，勤恳务实，他们很重视公司给予的职位，为公司尽心尽力，这样反而可能取得比上等人才更好的业绩。[①]在美国，有人曾经对200多位学生作过30多年的跟踪调查，发现在成功人士中，有多达80%的是在校学习中等的学生，而不是那些尖子生；有些甚至是学习成绩很差，被认为是"朽木不可雕"的学生。[②]

3. 美国大多数 CEO 毕业于非常青藤大学

美国《华尔街日报》2006年的一篇题为"任何大学都能够做到"的文章认为，毕业于常青藤大学或一般大学并无多大区别。按照《华尔街日报》的统计，当今美国的500家大公司只有10%的CEO毕业于常青藤名校。因此文章认为，在通向CEO的道路上，领导能力和渴求成功的愿望与行动比一张常青藤名校的文凭更为重要，比如沃尔玛的CEO李·斯科特毕业于堪萨斯州的一所州立大学，英特尔的CEO保罗·欧德宁毕业于旧金山城市大学，Costco的CEO詹姆斯·西格尔毕业于圣地亚哥城市学院，埃克森美孚石油公司的CEO雷克斯·蒂勒森毕业于德州大学。巴菲特称，当他

---

① 理弘，张海生.给总经理101条忠告［M］.西安：西北大学出版社，2006：67.
② 李元卿.中等人才更易获得成功［N］.光明日报，2007-2-15.

雇人或收购公司的时候，根本不管对方毕业于哪所学校，他自己也只获得内布拉斯加大学的学士学位。《华尔街日报》所调查的许多CEO说，最重要的是要抓住机会，他们在做学生时，根据自己的兴趣，在大学里成为学生领袖，尤其是那些就读州立大学的学生，大多数来自普通的家庭，因此他们更有个人奋斗的精神，而他们所在的学生群体更多元化，那样的校园环境与公司的工作环境更加相似，相反，名校的学生构成倒显得单调。

对于"大多数CEO毕业于非名校"的结论，哈佛大学经济学教授雷格·曼昆有不同的看法，他提出的论据很简单，常青藤大学毕业的学生只占美国大学毕业生的1%，就算大公司10%的CEO来自常青藤大学，与非常青藤大学相比，那也是10比1了。曼昆还提出一个特别重要的概念，常青藤名校有更高比例的毕业生担任CEO是因其更低的录取率，常青藤名校的名气只起了次要作用，这还能解释为什么90%的CEO来自州立以及名气不大的私立大学的现象。为解释这个现象，曼昆引述了普林斯顿大学教授艾伦·克鲁格几年前写的一篇文章，文章题目是"尖子生不是非得要进入名校"。克鲁格曾经作过一个调查，对1万多名上世纪70年代中期的大学生进行调查发现，同时拿到常青藤名校和州立大学录取通知书的学生，进入名校与就读州立大学相比较，他们在20多年后的事业上没有多大差别，更明确地说，对于许多能够获得名校录取的学生来讲，任何一所美国大学都能够做到让他们很优秀。[1]

---

[1] 李元卿.中等人才更易获得成功[N].光明日报，2007-2-15.

应该承认，名校毕业生在职场的整体表现肯定要优于一般院校的毕业生，否则名校怎么能称为名校呢？这里有两点需要注意。一是包括名校在内的各层次高校，职场表现优异的毕业生中成绩拔尖者所占的比例通常并不高于中等生，特别是中上等生。二是从商和做实业的成功者中，无论是出自名校还是非名校的毕业生，学习成绩优异者通常比例较小，有博士学位者更少。因为对学术感兴趣的成绩优异者，通常对经商之类的事情不大感兴趣，他们的素质特点也与之不大吻合。但在大学和科研机构工作的教师与研究人员，以及从事医生、律师等职业的人，大多还是学习成绩比较优秀的人。一般说来，从商、做实业包括从政，对人的素质（包括心理素质）要求比较综合和全面，而做教师、科学家、医生、律师等职业，对人某方面的素质，特别是与学术相关的素质上要求比较高。

4. 美国政治家的学历

美国是一个高等教育大国和强国，超过40%的人受过高等教育，但在美国，除少数领域的职位是有学历要求的，绝大多数职位并无要求。通常对学位要求比较严格的是教师职业，比如大学教授就必须拥有博士学位，中小学教师必须拥有学士或更高学位，但美国政治家的学历明显低于我们的想象。以截止2014年的美国第113届国会成员为例，众议员中有93%拥有学士及以上学位，其中85位获硕士学位，20位获博士学位，占454位众议员的23%，还有21位众议员仅有高中文凭；参议员中有99%拥有学士及以上学位，其中14位获得硕士学位，占100位参议员的14%，最近两届都没有博士,还有 7 位参议员为社区大学的副学士学位,1 位仅有高中文凭。在现任的 50 位美国州长中,有 18 位获得博士学位(其中 16 位为法学博士),有 2 位获得硕士学位,占比为 40%。这个比例也不算高,并明显低于我国省部级干部的学历水平。①

5. 在美国学习成绩和富有关系不大

什么人能成为富豪?传统的看法是学业成绩出众、进过顶尖大学的人,不然就是出身显赫的富家子弟。这种想象与现实也是有出入的。

美国一位名叫托马斯·斯丹尼的作家,原以为富豪们大多有一个非常聪明的大脑,于是想写一本名为"富豪的头脑"的书,为此他调查了 1300 名美国大富豪,却得出了很不相同的结论。这些富豪在学生时代的平均考试成绩,没有好到足以考入顶尖大学,而进入大学后,他们的学业也并不出类拔萃。实际上,一半以上的大财主都说,他们并非才智过人,也没有聪明到轻而易举就能出人头地的地步。斯丹尼说:"我发现学业分数和经济成就之间没有多大联系。但必须承认,资料显示他们当中确有一些是聪明绝顶的人,但为数很少。"他认为,富豪不是依赖天分,而是选中了与他们能力相称的事业;他们没有了不起的分析智力,但他们却很有创意和务实精神;他们全神贯注在一个目标上,胆大心细,比多数人更埋头苦干。斯丹尼还调查了更有钱的一些富豪,

---

① [美]姚鸿恩. 看看美国从政者的学历和年龄[N]. 羊城晚报, 2014-02-22.

发现他们与发妻维持了平均28年的婚姻关系,有3个子女。富豪们几乎没有一个把成功归因于自己聪明过人,而认为自己成功的关键是为人诚实、洁身自爱、平易近人,有贤内助和工作勤奋。①

6. 俄罗斯科学家解读"中等生当领导,优等生打下手"现象

在俄罗斯,人们发现一个似乎有些不合常理的现象,即在学校中经常得3分的中等生在某些职场领域的表现要优于经常得5分的优等生,这引起了一些学者的关注。通过初步研究,学者们给出了如下解释。

其一,"3分生"情商高。很多"3分生"成功的原因是他们的情商高,而不在于他们的智商。事业要想取得成功,直觉是关键,还得善于听取别人的意见。要理解别人,得有一种内在的自由,而这些绝不取决于课堂上学来的知识。"3分生"一般来说都讲友情,容易打交道,这是他们取得成功的关键。

其二,不少优等生难相处。优等生一般都很吝啬、骄傲、目中无人、难以相处,只会讨老师喜欢。老师对这种优等生一般要求更加严格,可同时也爱给他们高分,这些都会招惹同学们的反感。到了高年级后,为争夺奖章,优等生和同年级同学越来越疏远。由于受到纵容,优等生很看重自己的分数,因此学习占去了他们与别人交际的时间。而且,他们不善于对付意外情况。他们生活在某种艺术世界里,整天和书籍待在一起,而不是生活在人们中间,但学校不能传授

---

① 佚名. 学习成绩和富有关系不大[N]. 青年参考,2000-3-16.

给他们这个年纪应该具备的各种各样的经验。

其三,"差生"中常出佼佼者。据俄罗斯文化部和教育委员会的联合档案库提供的资料,许多著名成功人士在学校时成绩并不好,进入社会后成绩却相当好。

其四,中等生创业能力较强。据俄罗斯心理学家纳杰日达·阿列克耶娃介绍,无论在事业中还是在生活中,表现得春风得意的正是那些在中学和大学都不太"努力"的人,而那些成绩优秀的人却只能给他们打下手。通常说来,正是过去的这些3分获得者建立了公司。而那些优等生中不少人孤家寡人,觉得当领导并不自在,倒是给别人打工更得心应手,因为他们从小就习惯听命于人,对老师和家长言听计从。他们的生活中不能少了夸奖,还只能在稳定的条件下工作。①

7. 我国高考状元成为顶尖人才的很少

高考状元可以说是天才中的天才,精英中的精英,通常有着常人难以企及的智商、非凡的学习能力与刻苦精神。按照一般人的想象,这些天才和精英大多数都会成为顶尖人才。近十年来,一直有学者在关注高考状元的发展状态,但结果却出人预料。

中国校友会网2007年5月发布的大学评价课题组学术负责人、中南大学教授蔡言厚等人历时8个月完成的国内首个"高考状元调查报告",对1999年至2006年全国各省、

---

① 佚名.俄罗斯科学家解读"中等生当领导,优等生打下手"[N].南国都市报,2008-3-17.

自治区、直辖市（除西藏、港澳台地区）560名高考状元的发展状况进行了调查与研究，结果显示，高考状元未必就是社会顶尖人才，"最成功的人，一般在中学阶段成绩在班中排名第十名左右，而不是第一名。当然，更重要的一点，他们要有创新意识，有探险精神，绝对不能只懂解题、不懂思考地死读书"①。

2009年5月14日，中国校友会网发布的蔡言厚等人完成的《中国高考状元调查报告》显示，高考状元毕业后职业发展较少"出类拔萃"，职业成就远低于"社会预期"。调查报告对1977—2008年各省市的1300余位文理科高考状元（除西藏、港澳台地区）的调查显示："普查我国顶层人才，尚未发现高考状元的身影。"据此，报告得出结论："大部分高考状元没能成为各行各业的'顶尖人才'。"该报告对"顶尖人才"的解释是：政治人才为国家级正、副职领导，省部级正职领导，中央委员及候补委员等；科技人才为国内外院士、长江学者及国家创新团队带头人等。②

虽然高考状元的职场表现肯定普遍都是比较好或很好的，但毕竟直到今天，仍未见其中出现人们所期待的顶尖人才，这不能不引发人们的思考。不过这里有几点需要指出：第一，现在对高考状元的职场表现下结论还为时早了一些，特别是对近20年的状元更是如此。但至少1977—1997年间

---

① 佚名."高考状元"能成为顶尖人才的很少[N].新民晚报，2007-5-15.
② 高艳."高考状元不杰出"引发质疑[N].解放日报，2009-5-21.

的高考状元没有出现顶尖人才,所以初步结论仍然是有相当的说服力的。第二,虽然高考状元自1977年恢复高考以来已有2000人左右,但毕竟仍是一个极小的数字,没有出现顶尖人才也不能说明多大问题。第三,对"顶层人才"的界定有些过高。顶层政治人才中没有高考状元的身影应该是比较正常的,一是数量太少,二是这并非高考状元的强项和追求,但长江学者等人才中没有高考状元是有些出乎意料的。第四,高考状元大多选择了热门的"钱途"专业,1999—2010年有358名高考状元扎堆经济管理专业,占总数的40.87%,2008年居然有近七成的状元选择就读经济管理专业,而这并非是他们的兴趣和长处所在,自然难成大器。第五,高考状元中女生超过50%,而出于种种主客观原因,女性在事业发展上存在诸多障碍,致使她们发展后劲不足。第六,高考状元所承受的巨大的内外压力是常人难以想象的,这顶沉重的"帽子"要伴随他们很长时间,会严重影响他们的发展。总之,我们不能简单地否定高考状元,但确实有许多问题需要思考。这一事实至少可以说明,成为顶尖人才的影响因素是多方面的、复杂的,学习成绩只是其中一个因素,学习成绩拔尖对个人前途的影响并不只是积极的一面,亦有消极的一面。

8. 哈佛大学拒绝六成"状元"

有关统计数据显示,61%的SAT获满分的美国中学生会被哈佛大学拒绝。同样的情形也发生在耶鲁大学和斯坦福大学等美国名校。美国没有"高考状元"这个概念,但作为反映学业水平的重要指标的SAT(或ACT)如果考满分,就有些类似于中国的"高考状元"。在美国的华裔家庭，经常会听到某某孩子 SAT 考了满分，但报考哈佛大学等名校，却时常被拒绝。①

哈佛大学一名校长在谈到该校喜欢招收什么样的学生时说，杰出的大学生来源于优秀的高中生，我们是一个极力培养、鼓励高中生具备创新思维和创造能力的学校。社会对一流高中的赞美并不局限于好的课堂成绩，而是多方面的。要成为哈佛的学生，光学习好是不行的，还要看他是否有开创新天地的创造性；仅有知识是不够的，还要看他是否有探索未知的好奇心；只关心自身专业领域是不够的，还要看他是否有关注其他方面的广泛兴趣。

9. 耐人寻味的"第十名现象"

杭州市天长小学周武老师曾对他教过的 1990 年前后毕业的 150 名小学生作了十年的跟踪调查，结果发现，当年的第十名至二十名左右的学生在后来的学习和工作中较多表现出色，成为"栋梁人才"，相反，有些小学备受老师宠爱的尖子生，在升入初中、高中、大学乃至工作之后，有相当一部分却逐渐力不从心，淡出优秀行列，甚至在其后的升学、就业中屡屡受挫。周武将其称为"第十名现象"。这一论断的提出，随即在浙江基础教育界引起震动，进而在全国引起广泛关注，得到了许多人不同程度的认同。

---

① 乔磊. 六成"状元"哈佛落马的启示［N］. 羊城晚报，2010-1-5.

（二）中等生的比较优势

需要说明的是，这里所说的中等生的比较优势只是一种可能优势，并不是说中等生就一定会有这些优势，而是就中等生所处的位次来说，相较于尖子生更有可能形成的某些优势。在现实生活中，这种可能性能否成为现实，还取决于诸多主客观条件。同样，我们所说的尖子生身上的一些缺点或"比较劣势"，指的也是一种可能劣势，并不是说尖子生就必然会有这些毛病，而是就尖子生所处的位次来说，相较于其他学生更有可能形成的某些劣势。如果尖子生具有较好的自我意识并能得到良好和完整的教育，就可以避免那些劣势。

其实，考试分数上、中、下的学生都各有长短优劣，只要品行端正、不断努力，就有可能在适合自己的位置上成就一番事业，就有可能过得幸福快乐。学习成绩优异本身当然是一件好事，它通常表征优等生具有较高的智力水平、刻苦精神和人生抱负，但它只能证明一个人的某些素质或素质的某些方面的优异性，然而恰恰是对学习成绩拔尖的长期追求和付出，也就相对容易造成其他某些素质的缺点和低下，造成发展上的失衡和畸形。在人的发展上，长与短、优与劣常常是并存的，甚至是互为因果的。因为有所得往往就有所失，最起码一个人的时间、精力是有限的，与考试关系密切的学习方面投入得多了，其他方面的学习以及课校外活动、人际交往、体育锻炼等，自然就少了。何况，人的不同素质由于其特质具有相异性，因而相互间也会具有一定的排斥性。某方面的素质突出，就容易导致与之对应的另一方面素质的低下；某方面的素质低下，可能正是因为另一方面素质太优异。因此处在顶尖层次的人，其长处和短处、优点和缺点往往同样显著，优长背后常常就是短缺，既易形成特长与个性，又易使其发展片面、失衡。如果素质的短缺关乎人品、人格、人性中的关键要素，那就会在一定程度上抵消和吞噬其长处，得不偿失，甚至给自己的发展造成毁灭性破坏。

分数高虽然并不会必然造成人品、人格和人性等方面的缺点，但人的发展也的确存在着如前所述的辩证论、代价论和排斥论中的道理，尤其是在我国这样的文化背景、考试制度和评价标准之下，更是如此。越是把分数看得过重，越是刻意地追求高分，就越是容易为此付出较大的代价。

对于中等生，他们的特点和优势就在于得与失、长与短均不显著和突出，比较均衡和协调，这是一种看似没有优势的优势，看似没有突出之处的独特优势，这种优势恰恰是现代社会对人的素质的普遍要求，符合"中等现象"的一般原理，具有"中和"的美妙之处。"中也者，天下之大本也；和者也，天下之达道也。致中和，天地位焉，万物育焉。"当然，"中和"也有消极的一面，但它所蕴含的和谐、平衡、适中、平和的意蕴和指向，表现在人的发展上就会形成另一种优越性。

以下我们所列举的中等生的比较优势，并不是说成绩中等或中上本身有什么优势，而是说成绩大致稳定在这个区间的学生，由于他们对考试分数的态度以及在活动内容与活动方式方面有所不同，相对更易于形成某些素质及特点，而这些素质和特点对个人的可持续发展和未来前途的影响往往比单纯的学习成绩好更大、更持久。

1. 中等生对考试分数的态度一般比较适当

中等生由于资质、抱负、能力、努力等均属于平常，因而对学习成绩通常既不会不看重，也不会过分看重。这种态度对他们的发展是比较有利的。他们在学习上既有相当的压力，又不至于压力过大；既有进一步提升自己的愿望和可能，又不至于为考试分数想入非非；既有对考试分数下滑的担心，又不至于成天为分数担惊受怕。中等生属大多数，其分数段的区间也最大，要冲上去不易，也不会轻易掉到下等去，因而学习成绩一般较易稳定、较易保持。学习成绩稳定也许说明不了什么问题，但稳定的学习成绩让人的内心比较轻松、放松，较易形成平稳、平和、平衡的心态，较少焦虑、浮躁和功利。这样的心态有利于人的健康发展和内在和谐，更有利于人际交往和多样化的发展。

而尖子生由于聪明过人，自我与他人的期望过高，大多过分看重考试分数和刻意追求排名，尖子生之间的激烈竞争很容易使他们过于紧张和焦躁。对于瞄准顶尖中学和顶尖大学的尖子生来说，中考、高考不仅有过"独木桥"的压力，甚至有"走钢丝"的恐惧。老师、家长和自己的要求都是"万无一失，确保名校""只能成功，不许失败"，甚至平时的任何一次考试都不能失手。"想赢怕输"是许多尖子生的普遍心态。赢得起输不起的沉重心态使一些尖子生简直是在"戴着脚镣走钢丝"，必须全力以赴、千方百计。长此以往，对人的发展的内在影响和破坏可想而知。

2. 中等生发展的空间一般比较大

中等生头上没有什么光环，少有人喝彩、捧场，也难以得到老师过多的关注和额外的帮助，反而容易形成凡事需更多依靠自己的自主性和独立性。中等生往往容易被忽视，因为他们平平常常，不必老是被盯着，"抓两头，带中间"的策略反而使中等生的发展无形中多了一些宽松和自由，加之学习压力不太大，不过分关注考试成绩，又使他们多了一些洒脱和灵活，学习上不必过于谨小慎微、提心吊胆。于是他们获得了更大一些的发展空间和自由度及自主性，可以参加更多的集体活动（包括体育比赛和社团活动），读一些课外书籍，发展一些兴趣爱好，参加一些实践活动，从而使自己的综合素质得到提高。

而不少尖子生由于得到过多的关注和额外的帮助，某种意义上依赖性更强，过多地被老师安排，缺少自由度和自主性，内外压力使他们把自己的时间和精力过多地局限在了学习与备考上。不少尖子生兴趣狭窄，不愿多参加集体活动，不愿为集体和他人付出，恨不得把每一分钟都用在学习上。尖子生在学习上通常也不得不过于细心、谨慎，因为他们可能一分都输不起，长此以往，容易形成谨小慎微、瞻前顾后、盲目服从、胆小懦弱的人格特征，甚至在某些方面导致男孩女性化。还有一些尖子生，由于要保住排名比较吃力，不得不下死功夫，机械重复过多，加之他们更为顺从、听话，导致个性和创造性不断弱化。

3. 中等生发展后劲一般比较大

中等生往往不过分关注考试成绩，也较易稳定在中等区间，因而他们并没有把过多的时间和精力用在学习上，在其他方面的发展上也投入了一些时间和精力，因而发展的后劲可能更大。中等生在学业成绩方面看起来实力暂时不如那些懂事、早熟、听话、刻苦的尖子生，但由于他们各方面发展比较均衡，具有较强的灵活性、机动性和应变性，所以可塑性较强，发展后劲和余地较大，更有后发的优势和潜能。他们就像一粒较为结实饱满的种子，一旦遇上适合的土壤和气候，就会发芽生根，结出硕果。

而不少尖子生，特别是那些刻意追求高分并全靠下死功夫的尖子生，把几乎所有的时间和精力都用在了学习上，埋头书本，竭尽全力，"吃奶"的劲儿都用上了，且逐渐变得迷信权威、思想僵化、发展单一，综合素质、实际能力和创新勇气较差，从而影响了发展后劲。尖子生一个很大的优势只在于"安全系数"比较高，一般能保证一路比较顺利地读好学校并找到一份不错的工作，但之后的发展前景很可能与他们的考试成绩不一致。

4. 中等生心理一般比较健康

中等生所处的位次使他们相对更容易形成和保持比较健康的心理状态，往往心态较为平和、平稳、平静、平衡、平实，既不易自卑也不易自负，既能悦纳自己也能悦纳他人，既不苛求自己也不苛求他人，较少焦虑、浮躁，较少虚荣、嫉妒。这种心态易于使他们形成开朗、热心、单纯、平易、爽直、讲义气和善良的性格特征，更易于相处与共事，人缘较好，团队精神较强。健康的心理状态和良好的心理品质对中等生未来事业发展的影响是至关重要的。

而尖子生比较容易自恃清高，自我期许过高，自我感觉过好，刻意追求完美，过于在乎他人赞赏，激烈的竞争和巨大的压力容易使他们内心深处比较自我、焦虑、紧张、浮躁、嫉妒、虚荣、傲慢、冷漠和脆弱，不善与人相处，抗挫能力较低。这些不良心理品质会使尖子生的聪明才智在今后的发展和工作中大打折扣。

5．中等生综合素质一般比较高

中等生的学习成绩虽然并不突出，也有这样那样的缺点和不足，但正是因为优点和缺点都不突出，各方面发展水平都比较高且比较均衡协调，齐头并进，从而使他们的综合素质比较高，这可以说是中等生特别是中上等生最大的比较优势，也是他们成才率较高的关键所在。尖子生的比较优势很突出，但其劣势往往也很明显，他们要获得与拔尖的学习成绩相应的职场成就，并不会那么容易。

对于极少数天才、奇才、偏才、怪才之类的人来说，由于他们在某方面具有神奇的天赋和潜能，如果给他们提供必要的条件，很可能以"一技之长"获得事业上的巨大成功。但对于绝大多数"中规中矩"的常人来说，还需以综合素质取胜，在全面、和谐、自由发展的基础上形成自己的特长和个性。我们不要为自己不是天才、奇才、偏才、怪才而遗憾，成为这样的人既是一种幸运又是一种不幸。他们在某方面有令人称奇和羡慕的才智，也应该得到爱护和保护，他们有可能在某方面作出重大贡献，但如果没有必要的教育和引导，他们很可能产生一些令人不可思议的"毛病"，甚至有些怪异。他们在很大程度上失去了发展的自由和选择，只能按天赋的规定朝某一方面"单打独斗",形成"单枪匹马"式的畸形发展,"一条道走到黑",而且成功的概率不一定有多大,一旦失败,结局可能很悲哀。所以,还是做常人好,这是自然状态。即便是学习成绩拔尖的学生,他们中的大多数也属常人,只是常人中的佼佼者,甚至大多数高考状元也是如此。所以,尖子生仍然要走全面、和谐、自由的发展之路,走综合素质加个性特长的发展之路,可以有偏向但不可以偏废,可以有弱点但不可以有空白。不少尖子生之所以"高开低走",个人前途远低于预期,一个重要原因就在于发展上过于偏执、单一和畸形,致使其长处缺乏支撑,优势难以发挥。

(三)几点启示

耶鲁大学心理学教授斯腾伯格认为,学习中表现出来的智力是"惰性化智力",与现实生活很少发生联系,它只能对学生在成绩和分数上产生作用,而"成功智力"才能帮助人实现职业生涯发展中的目标。成功智力包括分析智力、创造性智力和实践性智力三个主要方面。这三方面是一个有机的整体,它们协调、平衡时,智力就会得到最有效的发挥。由此我们可以认为,在只重视"学业智力"发展的情况下,一些学生尽管成绩优异,但"成功智力"的发展却相对滞后,倒是那些中上成绩的学生,其"学业智力"和"成功智力"保持着基本的协调与平衡,其成功的概率自然也就更高些。通过分析学习成绩与个人前途的关系,可以得到如下几点启示:

1. 不要孤立地去看考试分数

单就学习成绩而言，可以说考试分数越高越好，但还须看到，学习成绩的等次会以各种方式直接或间接地影响到学生其他方面的发展，所以，并不能简单而孤立地认为学习成绩优异就一定是一件绝对的好事。在追求高分的同时，如果忽视了其他素养特别是关键性素养的发展，学习成绩优异就可能从优势转变成劣势。因此，要注意把学习成绩优异放在人的整个素质系统中和发展过程中来考量与评判，关注不同等次的学生各自比较容易形成哪些素质上的缺点和偏差，以使他们都得到比较平衡、和谐、全面的发展。

2. 综合素质对个人前途至关重要

课程学习方面的优势只是影响个人发展和前途的有利因素之一，它还必须与其他因素综合作用才能充分发挥其效应。学校只是一个小舞台，社会才是大舞台，学校与社会差别很大，职场才是社会的真实场景，才是真刀真枪。综合素质才是大多数人成功的法宝，因为社会是复杂的，社会生活是由方方面面构成的。如果在基本素质方面出现重大缺陷，存在明显短板，就很可能成为制约一个人发展的瓶颈，甚至导致人生失败。在现实中，追求分数与发展自己的综合素质虽然也有冲突的一面，但它们更多的是相辅相成、相互促进的良性关系。

3. 性格与个人前途关系密切

这里所说的性格是广义的性格，是一个人对现实的稳定的态度，以及与这种态度相应的、习惯化了的行为方式中表现出来的人格特征，是个性的核心部分。性格包括诸如善良或邪恶、诚实或虚伪、独立或依附、积极或消极、正直或奸诈、热情或冷漠、开朗或阴郁、刚强或懦弱、勇敢或胆怯、果断或优柔、谦虚或自大、随和或固执等等。"性格决定命运""态度决定一切",这类警句虽然说得绝对了些,但的确寓意深刻,这也是人类几千年的普遍经验。古希腊哲人赫拉克利特早就说过:"一个人的性格就是他的命运。"然而,在现实生活中,许多人对智力和学习成绩重视过度,远未真正认识到性格在人生中的决定性意义,性格上的缺陷大大限制了他们智力水平的发挥,甚至导致其精神痛苦,人生失败。

4. 在人的发展上也要警惕"赢在起点,输在终点"

现在人们几乎只是关注孩子能否赢在起跑线上,都想力争抢跑,虽然有其合理性,但许多人不仅过分夸大了赢在起跑线上的意义,而且对何谓"赢"、如何"赢"的理解也存有种种偏差。"赢在起点"固然是一个需要思考和重视的问题,但如果对何谓"赢"、如何"赢"没有一个恰当的理解,认为"赢"就是发展智力、提高成绩,而道德品行、人格特征、为人处世等方面并不需要特别关注,那就错了,甚至危险了。在人生漫漫路途上,更多的不是靠短跑式的冲刺力,而是马拉松式的耐力。这种耐力不是一种单一的力量,而是由各种力量综合而成的。

5. 教育要面向全体学生

教育的宗旨是平等地面向所有学生,有针对性地促进每一个学生得到应有的、适合的发展。学习成绩无论处于什么等次上的学生,都各有优劣长短,只要善待他们,因材施教,都有可能成为某一方面或某一层次的人才,都有可能获得幸福生活。尖子生有尖子生的优势,但往往也有他们特有的弱点;中等生有中等生的优势,但通常也有他们的不足;即便是所谓"差生",也有他们的闪光点和潜质,如有些"差生"就比较慷慨义气,动手能力比较强,比较敢闯敢干,甚至比尖子生更单纯、更善良、更感恩。

从教37年的福建特级教师陈成龙老师曾感慨道:他干了一辈子教育,"最遗憾和迷茫的"是"为什么自己心目中的尖子生走出校门后却多无所作为"。陈老师反思说,正因为他看到了一些尖子生"高开低走""泯然众人",也看到了许多中等生、"差生"后来居上,所以现在他对"学生个个都可以成才"的观念、对人才多规格的理念,很理解,很信奉。其实,学生的才能是多样的,有的擅长这一方面,有的擅长那一方面,只要教师能引导学生发现自身的长处,发展自己的长处,就可以成为对社会有用的人才,就可以作出一番成就。切不可以偏概全,错误评价一个学生,扼杀人才。一个人的成长过程是漫长的,它是一场马拉松赛跑,而不是一场百米赛跑,切不可以某一短程比赛的成绩来断定竞赛的结果。陈老师认为,要有效防止尖子生"高开低走",还要加强思想道德教育。有一个比喻说,人的各种知识就像木桶,桶边的木板有长有短,要有效增大桶的容积,就要增长桶边,特别是最短的那块板。①

湖南长沙长郡中学出过不少"高考状元",被誉为"高

---

① 佚名. 教师眼中的尖子生毕业后为何多是"高开低走"[EB/OL]. 新华网,2008-8-28.

考状元的摇篮"。当记者向老师打听状元们的现状时,老师或沉默,或答以"他们以后的事情我们管不了"。①

已故著名数学家陈省身曾给中国科大少年班题词:"不要考100分。"这让很多人难以理解。陈省身认为,考七八十分就可以了,时间和精力过多花在考试成绩上,会影响孩子将来的发展和创造能力。中科院院士、中国科学技术大学前校长朱清时的理解是,少年班的学生做学问,掌握精髓要义,考个七八十分就可以了。不要为了考100分在细枝末节上浪费时间。他认为这句话同样适用于所有的学生。朱清时用种地过度施肥来形象地解释这多得的一二十分。他记得自己小的时候,农民种地不施化肥,亩产四五百斤。后来施化肥,亩产提高到五六百斤。施过两三遍化肥后,田地的亩产就很难再提高上去了。而且因为过度施肥,土壤板结,也不能种稻子了。"四川最好的水稻田亩产五百斤就差不多了,施化肥短期可以增产一二百斤,但是长期下来,那土壤就要弄坏了。""为了多考一二十分,孩子们要多做练习,要多学几个星期。等他们长大后,当初多得的这一二十分没有起到好的作用,反而起了坏作用。""不要为了这一二十分,摧残了孩子的创新能力,浪费聪明才智,让人格、品德扭曲僵化,让他们沦为考试的机器。"朱清时由此得出一个结论:施肥要有度,学习也要有度。过度用功与过度施肥一样,成绩再难提高,或者成为"高分低能"的平庸之才。②

---

① 马佳. 不要考100分[N]. 羊城晚报,2009-6-18.
② 原春琳. 高分压力致优秀人才被扼杀[N]. 中国青年报,2009-2-2.

"不要考 100 分",只是一个警示,并非是不可以追求高分,更不是故意要考七八十分,而是不要过分刻意、过于吃力地为追求高分而追求高分,特别是不要忽视其他方面的发展。

代后记：在自由中抒发思想——扈中平访谈录

王建平（华南师范大学学报编辑部副主编、研究员，下简称"王"）：扈老师好，谢谢您能接受我的采访。您是我校教育学学科带头人，也是全国教育学界的知名学者。据我了解，许多人，包括教育理论工作者和教育实践工作者都很敬重和喜欢您。您的学术观点和思想见解常常能让读者和听众耳目一新，产生共鸣和震撼；据说您的学术讲座或专题报告无论是在圈内学人还是一线教师中，都大受欢迎，既"阳春白雪"，又"下里巴人"，甚至来我校培训的美国中小学校长对您的报告也是大加赞赏。此外，您无论是在日常生活中，还是在教学与研究中，都很是自由、轻松、潇洒和风趣，颇有人格魅力和个性特点。我想，这些一定与您的经历有关，扈老师能不能先简单谈谈您的生活经历，特别是学术经历？

扈中平（华南师范大学教授、博士生导师，下简称"扈"）：首先感谢学报编辑部对我的抬爱。你的第一个问题就有些令我难为情，开个玩笑，你是"哪壶不开提哪壶"，因为学术界很看重的学术经历恰恰是我的软肋，我也常常为之自嘲，但仍愿意借此机会总结和反思一下我的学术经历，因为这其中也许有一些值得思考的有关教育和人的发展方面的问题。

我出生在一个大学教师家庭，在一所工科大学的校园长大，父亲原先是俄语教师，后不得已改行做图书馆职员。我从小读书不多，只是借父亲的工作之便读了一些当时只有"地师级"单位才配置的内部图书，多半是欧美一些国家著名政治家的回忆录和文学作品之类的。1969年到1972年读了两年半初中。

1975年下了乡，但遗憾的是，那时有那么多无聊的时间却几乎没读什么书。当时，生活虽然苦闷，倒也自由自在。1977年当了一年石油地质勘探工人。1978年决定考大学。仓促上阵，工友们认为我这是在"开国际玩笑"，说除非我走"狗屎运"，否则不可能考上大学。"自虐"了几个月，最后还真走了"狗屎运"，考上了西南师范学院教育系，但高考成绩在全班40余人中居倒数的位次。学校虽不算多差的学校，但也不是什么"名门"。

1982年本科毕业时，突击考上了华中师范学院教育学原理专业的硕士研究生，在同门3人中考分垫底，运气再次眷顾了我。那时学习虽然极其刻苦，但对所学专业并没什么兴趣，多半只是想改变一下生存状态。我三生有幸地遇到了恩师王道俊先生，他的人品和学问深刻地影响了我的一生，尤其在思维方式和做学问的态度上受到了很好的熏染，开始真正地进入了教育学领域。现在有一种说法，"本科看学校，研究生看导师"，意思是说读本科是否进名校至关重要，读研究生则主要看跟什么导师，后一点在我身上真倒是应验了。

1985年毕业留校后本想去北京师范大学继续攻读博士学位，但当时年龄偏大、家庭负担较重，便放弃了。没有攻读博士学位的经历成了我的终生遗憾，直到上世纪90年代中后期，我还心有不甘地动过走捷径弄个论文博士的念头，但终究"未遂"。我的学术经历可以用"单薄"来概括："单"，是指我的学术背景比较单一，从教育学到教育学，没有跨一级学科的经历，从教育学原理到教育学原理，也没有跨二级学科的经历，没有教育实践的经历，从教育理论到教育理论。这样，学术阅历和知识背景就不够丰富，而教育和教育学研究往往需要涉及社会、人文的方方面面，要求知识构成上比较丰富多样。"薄"，是指我的学术功力和学理水平比较欠缺，毕竟没攻读过博士学位，还是缺少更为严谨和系统的学术训练。我说这些绝不是自谦，虚情假意的谦虚没什么意思，我确实感到自己的学术背景比较薄弱，功力和后劲儿不足。

王： 扈老师的低调真是发自内心的，难怪这么有人格魅力。我倒以为，真正有水平的人才会认识到自己的不足，水平高不高是相对的，您的学术贡献和学术影响是公认的。接下来能否谈谈您的学术个性或学术风格呢？很多人都认为您是一个很有个性和特点的人，记得前些年《羊城晚报》的一篇文章在讲到粤川人的个性时还以您为例来说明四川人往往个性比较鲜明。

扈： 我很愿意谈谈学术个性的问题。我认为个性很重要，搞社会人文学科的人如果太缺乏个性，甚至都不容易有大的作为，个性也影响着一个学者的学术风格。过于胆小怕事、谨小慎微、唯唯诺诺、中规中矩的人，即便他的天赋和资质较好，也很难有较高的创造性。据我的观察，这样的人并不鲜见，而一个人的个性又与他的生活经历有一定关系。我在别人的印象中往往是一个比较有个性的人，这点我承认。从一个方面来说，我是一个比较敢想敢说的人，甚至有点乱想乱说，胆子比较大，思想比较自由，逆向思维比较多，批判性比较强。

这种性格与我在上世纪六七十年代的经历有直接关系。我的这一性格还与我的小学经历有关。刚才说了，小学期间我是个"差生"，学习成绩不好，又调皮，很不受老师待见，于是逐渐变得喜欢和老师作对，故意说一些和老师相反的话，气老师，为此经常写检讨书和保证书。如果老师把状告到家长那里，回家又免不了挨骂甚至遭皮肉之苦，逆反心理由此而生。这种性格后来在我的学术成长中倒也起到了一些积极的作用，敢于坚持己见，敢于说别人不敢说的话，敢于触碰敏感问题，敢于比较自由地思想，敢于批判主流观点。许多人都把逆反心理视为一种消极心理，我不完全这样认为。逆反心理对人的发展也有一定积极意义，一个人在其成长过程中如果完全没有逆反心理，过于听话和顺从，未必是什么好事。我经常对人说，我这个人并没多大本事，之所以还有些影响，一定程度上就是我胆子比较大，思想比较解放，说了一些别人想说而不敢说的话。其实，我的有些观点，让有的学者来说会比我说得更有水平，更具学理，因为他们的学术功力比我深厚，但他们却不一定有这个勇气，怕担风险。我的生活经历和个性特点使我的学术风格从一开始就偏重于批判性，我可能是批判有余，建构不足吧。之所以如此，还有一个原因就是我比较关心现实问题和时代需求。1977 年以来，理论界最迫切的任务就是拨乱反正，最需要的就是批判，首先是"破"，然后才能有"立"。其实，我国理论界的思想解放远未完成，破得远远不够。

王：早就耳闻过扈老师鲜明的学术个性和犀利的批判风格，请例举几个您批判过的问题可以吗？我想，这些理论批判也一定是您的主要学术贡献吧。

扈：我这一辈子也没干多少事，主要关注的是教育中的"人"的问题，其学术批判指向也主要是围绕这方面展开的。我1985年完成的硕士学位论文《全面正确地理解马克思关于人的全面发展学说》，就主要是针对当时教育理论界对马克思的人的全面发展学说的长期误解而提出问题的。当时教育理论界普遍认为，马克思所说的人的全面发展中的"人"主要是指"劳动力"，因而人的全面发展主要是指人的"劳动能力"的全面发展。我认为这种观点大大降低了人的全面发展学说在马克思主义中的地位，贬低了人的价值和地位，认为人的全面发展中的"人"在根本上是哲学意义上的人，而不是经济学意义上的人。经过研读大量马恩原著，我觉得自己是比较有道理的，这种批判对教育理论界如何理解人和人的发展在当时具有正本清源的积极意义。

此外，我还提出过要重视唯心主义在教育研究和教育实践中的积极意义的主张，认为唯物主义和唯心主义在理论上都不过是中性词，而非前者一定是褒义的，后者一定是贬义的，两种世界观、方法论各有利弊长短，各有各的立场和解释力，把握适当都有积极意义，走到极端都可能是灾难性的。唯物主义和唯心主义绝非你死我活的两大阵营，而是可以共存互补的。唯心主义在教育中，在人的发展中的积极意义绝不亚于唯物主义。我还认为，过去我们看似很有道理地一概把"集体主义""利他"等定义为褒义词，把"个人主义""利己"等定义为贬义词的思维方式都是有问题的，这些概念在理论上首先是中性词，与社会主义、资本主义或资产阶级、无产阶级并没有意识形态上的必然联系。

王：扈老师的批判精神强烈、洞察力敏锐、见解独到，确实令人钦佩。我想，您如此倾向于批判，应该不仅与您的生活经历、人生感受、兴趣爱好和个性特点有关，是否还有其他因素塑造了您的这种学术个性呢？比如公共精神和责任感什么的？

扈：我的经历和个性的确使我不大喜欢做纯学术，做纯学术需要很高的学养，这不是我的强项，我的现实感比较强，对当下的问题比较感兴趣，也相对比较敏锐些。我所感兴趣的现实问题主要还不是现实的教育实践问题，更多的是现实的教育理论问题。我觉得，长期以来，我们在许多理论问题上的认识都是不大站得住脚甚至在根本上就是错误的，如果在理论和思想上没有较大的突破，实践也不可能有大的改变。改革开放后，包括在今后很长一段时间，中国都有太多的理论问题需要用批判的眼光去重新审视，思想解放任重道远，越往后越艰难，越需要勇气和智慧。

我的确也多少有一点知识分子的公共精神和责任感，而不是把做学问过多地视为一件自娱自乐的事情，面对现实中这么多的理论和实际问题，我感到有很多话想说，有责任为改变现实尽一份力。相对而言，我不大着力于学术本身的钻研和建构，而更为关注提出有新意的观点和抒发有个性的思想。我在研究中主要关注的是自己想说什么、现实的改变需要我说什么，至于学术上是不是还不够严谨、理论上是不是还不够充分、文献上是不是还不够全面，就不那么顾及了，否则我可能一辈子连自己的一句话也说不出来。所以我的一些观点和思想并不一定那么经得起推敲，先把自己想说的话讲出来再说，能供别人批判也是一个贡献。我有一个基本理念：宁要片面的深刻也不要全面的肤浅；宁可讲不成熟的新观点也不讲成熟的老观点。

最近看了《文史哲》主编王学典发表在《文汇读书周报》上的一篇发言稿，题目叫作"重学术轻思想是主流学风问题"，颇有同感。他认为，近20多年来重学术轻思想，日益远离社会、远离问题成了一种主流学风，须加以改变。我也感到，有些学者甚至以学术靠近现实为低俗，认为这不够高端、大气、上档次，真正的学者是不屑一顾的。还有些学者把学术看得过于神圣和庄严，在发表自己的观点和思想上过于谨小慎微、求全责备。我以为，包括教育学在内的社会人文学科在很大程度上并不是追求和探寻唯一的、一劳永逸的真理与规律，教育学归根到底是一门实践性的学科，人文性也很强，关于教育的许多思想和见解很难简单地区分对与错，而是要看其对当下或某种社会条件下的教育实践是否相对比较适合，是否利大于弊。不适合的思想和观点，理论上再周全、再先进、再理想，对特定的教育实践也是没有什么价值的。

所以，教育理论工作者的一个重要职责，就是审时度势，提出或倡导适时、适度、适当、适切的教育思想去改造和促进当下的教育实践。比如"教师中心"和"学生中心"谁对谁错？不能一概而论，这要视教育的社会条件而言。在某种社会条件下，教师中心就是比较适合的，它在现实教育中的主流地位也是必然的，如果一定要逆势而行，那就会贻误学生，而且这种逆势而行也不可能成为一种普遍的理念和行为；但当社会条件发生了改变，或许学生中心就是比较适合的了。在改革开放前，教师中心对中国教育就是比较适合的，也是必然的，之后随着社会的改变，学生中心的教育思想就需要适当得到提倡，而教师中心的理念就开始变得比较陈旧和落后了；但在美国，学生中心可能已经走得有些过了头，所以还需向教师中心靠拢一点，还得加强一点教师在教育中的地位和权威。打一个不恰当的比方，中国人以前是蔬菜吃得太多肉食吃得太少，营养不良，满脸菜色，那时就需要多讲吃肉的好处。现在许多中国人肉吃得太多菜吃得太少，营养过剩，满脸潮红，这时就需要多提倡吃菜的好处。但从营养学的角度讲，菜和肉并无简单的好坏之分，而要视需要的不同和需要的变化而论。我在1989年提倡的"人是教育的出发点"的观点，在当时的中国就是比较急需的一种教育思想，因而也是有价值的，也可以说是正确的和先进的，因为那时的中国教育过分强调社会和集体而忽视人与个体，但如果把这种观点拿到美国去大讲特讲，就近乎是废话。

在我看来，学术和思想是有一定区别的，学问家和思想家也是有所不同的。一般来讲，学术比较讲究客观性、全面性、普遍性、严谨性、规范性，这对学术的发展和知识的生产是必需的；而思想比较讲求现实性、指向性、针对性、适切性、批判性，往往具有一定的主观性、随意性和片面性，但它对现实的改造是必需的。对于思想家特别是那些激情四射的思想家，不能过多地用学问家的标准去苛求。

比如在百年前的国民性批判热潮中，许多仁人志士和文化先贤们对国民性的批判就充满了思想家的个性和特点。梁启超、陈独秀、胡适、鲁迅的国民性的批判常常是慷慨激昂、痛心疾首，难免有些冲动、激进、片面和主观，不那么客观、严谨和辩证，不大经得起学术的检验，这并不是因为他们缺少严谨的学术态度，更不是因为他们不爱国，而是基于对现实需要的考量。胡适是学习西方文化最激烈的倡导者之一，甚至提出过"全盘西化"的文化口号，他在《请大家来照照镜子》中对中国社会和西方社会作了多方面对比后得出的结论是：中国"百事不如人"。鲁迅非常热衷于批判中国文化的吃人本质，对国民性的批判几乎已到了丑化中国人的地步。这是因为这些中西兼通的先贤看不到中国文化的长处和西方文化的短处吗？显然不是。他们也自知其论说中有着浓重的非理性色彩和个人情绪，梁启超在《清代学术概论》中就毫不讳言自己持论常常"随感而发，所执往往前后相矛盾"。他们之所以很少直接批评西方文明的负面和糟粕，这主要是基于当时国内保守势力喜欢以此作为反对中国向西方学习的借口，启蒙知识分子只能不失时机地强调甚至夸大西方文化中优于中国传统文化的那些特征，其针对性和目的性很强，即借助西方文化中的优点来改造中国文化中的缺陷，这是他们对于西方文化的一种叙事策略。如果没有这种现实针对性，他们的自我批判、自我清理也就缺乏历史合理性了。正因为如此，这一代精英人物的文化启蒙和国民性批判才被时人和后人称为思想，而不是学术。包括明恩溥在《中国人的性格》中所归纳的中国人的26种特征，严格讲也不是一种学术的分梳、学理的推究，进而达到对真理的认识，但其动机也并非如那些国粹主义者所认为的那么龌龊。

如果站在具有严谨学术态度的学问家的立场上看，梁启超、陈独秀、胡适、鲁迅是多么不够学术、多么愚笨。不仅如此，这些自我贬低、虐待祖宗的家伙是多么对不起中华文明，胡适就常常被人误解为一个数典忘祖的西化论者。而实际情形却大悖于此。可见，我们不能过多地用学术的规范去苛求思想家们的个性和张扬，要充分理解他们的真实意图和良苦用心。客观地讲，那些激进的西化论者也的确过分渲染和夸大了中国人身上的弱点，过分美化了西方，对中国人贬抑过甚，导致了新的国民自卑心理，产生了一些负面效应。但总的来讲，他们的思想是积极的、正面的，符合时代需要的，他们的爱国热情，丝毫不亚于国粹主义者。

王：您的见解确实新颖而富有启发，我感到您的思想中有一种自由的气息和潇洒的意蕴，您给很多人的印象也是如此，您认为是这样吗？

扈：我这个人确实比较自由，也很向往自由，自由可以说是人类社会的最高价值，不是有句名言叫作"不自由，毋宁死"吗？我不喜欢过那种有太多约束，特别是太多思想和心灵约束的生活，而喜欢那种能更多地按照自己的意愿思想和行事的自由、自主的生活，比较轻松，比较潇洒，不过多地受外在力量的奴役。我对功名利禄看得相对比较淡，不是我不喜欢功名利禄，而是认为太看重功名利禄会为此付出过多的代价。

说实话，我做学问也没什么惯用的套路和严谨的方法，有时甚至比较随意。可能我还是有些太潇洒了吧，这跟自己没读过博士因而受到的规范训练不足有关。但这大概也有点好处。

首先，我不把学问看得过于神圣和庄严，不像有些人那样喜欢拿学问吓唬别人，也吓唬自己，用学问吓唬别人有时也是一种卖弄。其次，我不大唯书唯上，做学问不喜欢拉虎皮做大旗，一定要到古人或西人那里去找个什么人物的理论来作为自己的理论依据，比较坚持以我为主，古人的、西人的思想最终要为我的思想形成服务，而不能成为我思想的桎梏。此外，我还认为，教育学从其学科性质及特性来讲，它本身并不是一门很严谨的学科，也不需要、不可能成为一些人所期望的那种严谨学科。为什么？这归根到底是因为教育学所研究的教育具有较强的依附性、主体间性、主观性、情感性、场景性、个别性、偶然性、随机性、选择性和难以重复性等特性，充满人性和不确定性，并没有多少确定的、普遍的和刚性的规律与模式，往往不能简单地以科学不科学、正确不正确来判别一种思想和行为，就教与学的活动而言，它就充满了艺术、智慧和灵性，难以琢磨。因此，如果一定要过多地运用客观、严谨、精确的方法来把握作为人与人之间活动的教育，就会使教育变得单一、机械、压抑而缺乏活性与生命力，教育更应该是丰富的、鲜活的、不拘一格的。

图书在版编目（CIP）数据

教育人性化四讲/扈中平著. —上海：华东师范大学出版社，2019
 ISBN 978‐7‐5675‐9076‐2

Ⅰ.①教... Ⅱ.①扈... Ⅲ.①教育—演讲—中国—文集 Ⅳ.① G52‐53

中国版本图书馆 CIP 数据核字（2019）第 217722 号

大夏书系·教育常识

教育人性化四讲

著　　者	扈中平
策划编辑	朱永通
审读编辑	万丽丽
封面设计	奇文云海·设计顾问

出版发行	华东师范大学出版社
社　　址	上海市中山北路 3663 号　邮编　200062
网　　址	www.ecnupress.com.cn
电　　话	021‐60821666　行政传真　021‐62572105
客服电话	021‐62865537
邮购电话	021‐62869887　地址　上海市中山北路 3663 号华东师范大学校内先锋路口
网　　店	http://hdsdcbs.tmall.com

印刷者	北京密兴印刷有限公司
开　本	640×960　16 开
插　页	1
印　张	11
字　数	115 千字
版　次	2020 年 1 月第一版
印　次	2020 年 1 月第一次
印　数	6 100
书　号	ISBN 978‐7‐5675‐9076‐2
定　价	42.00 元

出 版 人　王　焰

（如发现本版图书有印订质量问题，请寄回本社市场部调换或电话 021‐62865537 联系）